Die Gesetze über direkte Steuern in Elsaß-Lothringen seit 1909.

Text-Ausgabe
mit Verweisungen und beigefügten Steuertarifen
nebst Bemerkungen über Zuschläge usw.

Im amtlichen Auftrage herausgegeben
von
Ministerialrat **von Jordan.**

Straßburg.
Verlag von Karl J. Trübner.
1916.

Druck von M. DuMont Schauberg, Straßburg.

Vorwort.

Die in Elsaß-Lothringen geltenden Gesetze über direkte Steuern sind in der in dritter Auflage im Jahre 1908 im gleichen Verlage erschienenen, von dem verstorbenen Ministerialrat Roth bearbeiteten Textausgabe zusammengestellt. Seitdem sind in der einschlägigen Gesetzgebung mehrfache Änderungen eingetreten, die zwar das Steuersystem im großen ganzen unberührt gelassen haben, deren Zusammenstellung in handlicher Form aber gleichwohl einem Bedürfnis entspricht, namentlich nachdem für 1916 in den Steuersätzen und Tarifen der meisten Steuergesetze einschneidende Änderungen eingetreten sind. Diese sollen zwar zunächst nur für das Steuerjahr 1916 gelten, werden aber voraussichtlich doch auch für die Folge in Kraft bleiben müssen, bis die in Angriff genommene Steuerreform, deren Durchführung infolge des Kriegsausbruchs zurückgestellt werden mußte, durch Einführung der Einkommensteuer mit entsprechenden Ergänzungssteuern und Neuregelung der Bezirks- und Gemeindezuschläge zum Abschluß gebracht werden kann.

Außer den Staatssteuergesetzen ist auch das Gemeindeabgabengesetz von 1909 aufgenommen worden, ferner erschien es wegen ihres engen Zusammenhanges mit den direkten Steuern erwünscht, auch die teilweise schon aus früheren Jahren stammenden gesetzlichen Bestimmungen über die Handelskammerabgaben, die Handwerkskammerkostenbeiträge und die Beiträge für die landwirtschaftlichen Berufsgenossenschaften mit aufzunehmen.

Die Beigabe der berechneten Tarife ermöglicht eine Vergleichung der bisherigen und der nach dem Etatsgesetz für 1916 gültigen Steuerbeträge. Die anschließenden Bemerkungen über die Steuerzuschläge sowie über Steuerrollen und Steuerzettel sollen das Verständnis für die in dieser Hinsicht eigenartigen Bestimmungen des elsaß-lothringischen Steuersystems erleichtern.

Im übrigen war für die Art der Darstellung die von Ministerialrat Roth besorgte Zusammenstellung maßgebend, als deren Fortsetzung die vorliegende Arbeit gedacht ist.

Straßburg, im Juli 1916.

von Jordan, Ministerialrat.

Inhaltsverzeichnis.

Doppelsteuergesetz.

Vom 22. März 1909.[1])

(Reichs-Gesetzbl. S. 332.)

§ 1.

Ein Deutscher darf vorbehaltlich der Bestimmungen im § 3 zu den direkten Staatssteuern nur in demjenigen Bundesstaate herangezogen werden, in welchem er seinen Wohnsitz hat.

Einen Wohnsitz im Sinne dieses Gesetzes hat ein Deutscher an dem Orte, an welchem er eine Wohnung unter Umständen inne hat, welche auf die Absicht der dauernden Beibehaltung einer solchen schließen lassen.

§ 2.

Ein Deutscher, welcher in keinem Bundesstaat einen Wohnsitz hat, darf nur in demjenigen Staate, in welchem er sich aufhält, zu den direkten Staatssteuern herangezogen werden.

Hat ein Deutscher in seinem Heimatstaat und außerdem in anderen Bundesstaaten einen Wohnsitz, so darf er nur in dem ersteren zu den direkten Staatssteuern herangezogen werden.

In Reichs- oder Staatsdiensten stehende Deutsche dürfen, sofern sie sowohl in demjenigen Bundesstaat, in

---

[1]) Durch das Gesetz zur Abänderung des Reichsgesetzes wegen Beseitigung der Doppelbesteuerung vom 13. Mai 1870, vom 22. März 1909 (Reichs-Gesetzbl. S. 329) ist von diesem Gesetz (vgl. Roth 3. Aufl. S. 79) § 2 letzter Abs. und § 3 abgeändert worden. Der frühere § 4, wonach Gehalt, Pension und Wartegeld, welche deutsche Zivilbeamte und Militärpersonen sowie deren Hinterbliebene aus der Kasse eines Bundesstaats beziehen, nur in demjenigen Staate zu besteuern sind, welcher die Zahlung zu leisten hat, ist weggefallen (vgl. die dadurch beeinflußte entsprechende Bestimmung des § 4 Nr. 8 des Lohn- und Besoldungssteuergesetzes vom 13. Juli 1901), die jetzigen §§ 4 und 6 sind neu hinzugekommen. Die hier wiedergegebene Fassung ist diejenige gemäß Bekanntm. des Reichskanzlers vom 24. März 1909 (Reichs-Gesetzbl. S. 331).

welchem sich ihr dienstlicher Wohnsitz befindet, als auch in einem anderen Bundesstaat einen Wohnsitz im Sinne des § 1 Abs. 2 dieses Gesetzes haben, nur in dem ersteren Bundesstaate, sofern sie aber in keinem Bundesstaat einen Wohnsitz im Sinne des § 1 Abs. 2 dieses Gesetzes, sondern nur einen dienstlichen Wohnsitz haben, nur in dem Bundesstaate des dienstlichen Wohnsitzes zu den direkten Staatssteuern herangezogen werden.[1])

§ 3[2]).

Der Grund- und Gebäudebesitz und der Betrieb eines stehenden Gewerbes sowie das aus diesen Quellen herrührende Einkommen dürfen nur in demjenigen Bundesstaate besteuert werden, in dessen Gebiete der Grund- und Gebäudebesitz liegt oder die Betriebsstätte zur Ausübung des stehenden Gewerbes unterhalten wird.

Betriebsstätte im Sinne dieses Gesetzes ist jede feste örtliche Anlage oder Einrichtung, die der Ausübung des Betriebs eines stehenden Gewerbes dient. Außer dem Hauptsitz eines Betriebs gelten hiernach als Betriebsstätten:

Zweigniederlassungen,
Fabrikationsstätten, Ein- und Verkaufsstellen,
Niederlagen,
Kontore
und sonstige zur Ausübung des Gewerbes durch den Unternehmer selbst, dessen Geschäftsteilhaber, Prokuristen, oder andere ständige Vertreter unterhaltene Geschäftseinrichtungen.

---

[1]) Infolge der neuen Fassung des Abs. 3 hat die Vorschrift des § 3 Nr. 3 des Lohn- und Besoldungssteuergesetzes, wonach die Personen, welche aus der Landeskasse Besoldung usw. beziehen, ohne Rücksicht auf ihren Wohnsitz oder Aufenthalt der Steuer unterworfen sind, nur noch für Personen mit Wohnsitz oder Aufenthalt im Reichsauslande Bedeutung.

[2]) Zu vgl. Gewerbesteuergesetz vom 8. Juni 1896, §§ 2 und 12.

Befinden sich Betriebsstätten desselben gewerblichen Unternehmens in mehreren Bundesstaaten, so darf die Heranziehung zu den direkten Staatssteuern in jedem Bundesstaate nur anteilig erfolgen.

Die Besteuerung des Gewerbebetriebs im Umherziehen einschließlich des Wanderlagerbetriebs bleibt demjenigen Bundesstaate vorbehalten, in dessen Gebiete der Betrieb stattfindet oder stattfinden soll.

§ 4.

Wird ein Steuerpflichtiger für denselben Zeitraum, für den er in einem Bundesstaate die von ihm dort eingeforderte direkte Staatssteuer entrichtet hat, in einem anderen Bundesstaate zu einer gleichartigen direkten Staatssteuer herangezogen, so ist ihm diese auf Antrag bis zur endgültigen Entscheidung über das Recht und das Maß der Besteuerung zu stunden.

§ 5.

An den Wirkungen, welche der Wohnsitz oder Aufenthalt außerhalb des Reichsgebiets auf die Steuerpflichtigkeit eines Deutschen äußert, wird durch das gegenwärtige Gesetz nichts geändert.

§ 6.

Beschwerden über eine infolge Verletzung der Vorschriften dieses Gesetzes eingetretene Doppelbesteuerung sind innerhalb eines Jahres nach der endgültigen Feststellung der Doppelbesteuerung anzubringen. Solche Beschwerden dürfen nicht aus dem Grunde zurückgewiesen werden, daß der Steuerpflichtige die in Landesgesetzen vorgesehenen ordentlichen Rechtsmittel gegen die Veranlagung nicht innerhalb bestimmter Fristen eingelegt oder den Antrag auf Erstattung nicht innerhalb landesgesetzlich vorgeschriebener Fristen gestellt habe.

Gesetz
über
die Steuer der Toten Hand.
Vom 8. November 1909.

(Gesetzbl. S. 117.)

---

§ 1.

Die Steuer der Toten Hand ist zu entrichten von allen juristischen Personen des öffentlichen Rechts und des Privatrechts. Insbesondere sind ihr unterworfen die Bezirke, Gemeinden, öffentlichen und gemeinnützigen Anstalten, die rechtsfähigen Vereine und rechtsfähigen Stiftungen. Ferner sind der Steuer unterworfen die Aktiengesellschaften, Kommanditgesellschaften auf Aktien, Gesellschaften mit beschränkter Haftung, eingetragenen Genossenschaften, Gewerkschaften und die Versicherungsvereine auf Gegenseitigkeit.

Ausgeschlossen sind der Reichs- und der Landesfiskus [1]) sowie die nach Reichsgesetz von Staatssteuern befreiten Anstalten.

§ 2.

Die Steuer der Toten Hand bemißt sich nach der Höhe der Grundsteuer, Gebäudesteuer und Kapitalsteuer, zu welchen die steuerpflichtige juristische Person veranlagt ist. Insoweit die juristische Person Befreiung von diesen Steuern genießt, [2]) ist nach den für deren Veranlagung bestehenden Grundsätzen der Betrag zu

---

[1]) Infolge der Befreiung des Landesfiskus sind auch die dieselben Vorrechte wie dieser genießenden Sparkassen und öffentlichen Vorschußkassen von der Steuer der Toten Hand befreit (§ 2 Abs. 2 des Sparkassengesetzes vom 23. August 1912 — Gesetzbl. S. 118 und § 6 des Gesetzes, betr. die Errichtung öffentlicher Vorschußkassen vom 18. Juni 1887 — Gesetzbl. S. 59).

[2]) Zu vgl. Kapitalsteuergesetz vom 13. Juli 1901, § 4 Nr. 3 bis 10.

ermitteln, den sie zu entrichten hätte, wenn die Befreiung nicht bestünde.

Unterliegt ein Gebäude der Gebäudesteuer lediglich nach Maßgabe des Nutzungswertes von Dienstwohnungen (§ 2 Abs. 2 des Gebäudesteuergesetzes vom 14. Juli 1895), so kommt die Steuer der Toten Hand nicht zur Erhebung.

§ 3.

Die Steuer der Toten Hand beträgt

bei dem der Grundsteuer unterworfenen Vermögen 90 vom Hundert,[1])

bei dem der Gebäudesteuer unterworfenen Vermögen 40 vom Hundert,[2])

bei dem der Kapitalsteuer unterworfenen Vermögen gleichfalls 40 vom Hundert

dieser Steuer.

§ 4.

Die Veranlagung erfolgt durch den Direktor der direkten Steuern, die Erhebung nach den für die direkten Steuern bestehenden Vorschriften.[3])

§ 5.

Über Einwendungen, welche lediglich damit begründet werden, daß die Veranlagung der zugrunde liegenden Grund-, Gebäude- oder Kapitalsteuer nicht richtig erfolgt sei, wird in den gleichen Formen entschieden, wie sie für Einwendungen gegen die Veranlagung zu diesen Steuern vorgeschrieben sind. Entbürdungen, welche auf Grund von Einwendungen gegen die Veranlagung zur Grund-, Gebäude- oder Kapital-

---

[1]) Für 1916 nach § 2 Nr. 3 des Gesetzes vom 7. Juni 1916 (s. S. 49) 120 v. H.

[2]) Für 1916 nach § 2 Nr. 3 des Gesetzes vom 7. Juni 1916 80 v. H.

[3]) Die Grundlagen dieser Vorschriften sind enthalten in den Gesetzen vom 3. Frimaire VII Artikel 124 ff., vom 4 Messidor VII und vom 16. Thermidor VIII (Sammlung der in Elsaß-Lothringen geltenden Gesetze — Möllersche Sammlung, Bd. II S. 108, 153, 162). Ferner kommt in Betracht die Verwaltungs-Zwangsvollstreckungs-Ordnung, Verordnung des Statthalters vom 26. Mai 1905 (Zentral- und Bezirks-Amtsbl. S. 241.)

steuer bewilligt werden, haben eine entsprechende Ermäßigung der Steuer der Toten Hand zur Folge, auch wenn hierwegen eine besondere Einwendung nicht erhoben wurde.

Über Einwendungen, welche die Verpflichtung zur Entrichtung der Steuer der Toten Hand betreffen, entscheidet der Bezirksrat,[1]) gegen dessen Entscheidung Rekurs an den Kaiserlichen Rat[1]) zulässig ist. Die Einwendung ist innerhalb drei Monaten nach der öffentlichen Bekanntgabe der Vollstreckbarerklärung der Steuerrolle bei der Steuerbehörde einzureichen.

Für die Beurteilung der Einwendungen ist der Rechts- und Tatbestand am Beginne des Rechnungsjahrs[2]) maßgebend.

Irrtümer in der Veranlagung, wie Schreib- und Rechnungsfehler, unterlassene und doppelte Veranlagungen, können durch den Direktor der direkten Steuern von Amts wegen berichtigt werden.

§ 6.

Dieses Gesetz tritt mit Wirkung vom 1. April 1910 in Kraft. Das Gesetz vom 20. Februar 1849, betreffend die Anwendung der Handänderungssteuer auf die Güter der Toten Hand, und alle dem vorstehenden Gesetze entgegenstehenden Bestimmungen werden aufgehoben.[3])

Die Ausführungsbestimmungen erläßt das Ministerium.[4])

---

[1]) Zu vgl. §§ 8 und 13 des Gesetzes, betreffend die Einrichtung der Verwaltung vom 30. Dezember 1871 (Gesetzbl. 1872 S. 49) und das Gesetz, betreffend den Kaiserlichen Rat in Elsaß-Lothringen vom 13. Juni 1898 (Gesetzbl. S. 55). Über das Verfahren vgl. die Verordnung des Statthalters vom 23 März 1889 (Gesetzbl. S. 35).

[2]) Das Rechnungsjahr beginnt seit 1879 mit dem 1. April und endigt mit dem 31. März (§ 1 des Gesetzes, betr. die Verlegung des Etatsjahres für das öffentliche Rechnungswesen in Elsaß-Lothringen, vom 18. März 1878 — Gesetzbl. S 7).

[3]) Gesetz vom 20. Febr. 1849 (Roth S. 36), Gebäudesteuergesetz vom 14. Juli 1895 (Roth S. 19) § 13, Verwendungsgesetz vom 13. Juli 1901 (Roth S. 37 und 115) § 7, Gesetz, betr. die Gebäudesteuer vom 17. Juli 1907 (Roth S. 34) Artikel III.

[4]) Ausführungsbestimmungen vom 3. Dezember 1909 (Zentral- und Bezirks-Amtsbl. S. 176).

Gesetz,

betreffend

Gemeindeabgaben.

Vom 14. Dezember 1909.[1])

(Gesetzbl. S. 163.)

Teile des Gesetzes.

§ 1.

Die anliegenden gesetzlichen Vorschriften über die Erhebung von Gemeindeabgaben:

1. vom Wert nicht überbauter Grundstücke,
2. vom Umsatz der Warenhäuser,
3. vom Halten von Hunden

treten mit diesem Gesetz in Kraft, wie es in § 10 bestimmt ist.

Steuerausschuß.

§ 2.

In jeder Gemeinde ist ein Steuerausschuß zu

---

[1]) Die durch das Gesetz eingeführten Abgaben sind neu bis auf die Hundesteuer, die schon bisher in allen Gemeinden des Landes, und zwar nach einem Satze von 80 Pf. bis 8 ℳ erhoben wurde (Gesetz vom 2. Mai 1855, Dekrete vom 4. August 1855 und 3. August 1861 — Möllersche Sammlung Bd. II S. 806, 812, 872; Kaiserl. Verordn. vom 10. Februar 1875 — Gesetzbl. S. 57).

Als direkte Gemeindeabgaben kommen im übrigen neben den Zuschlägen zu den direkten Steuern (vgl. § 66 der Gemeindeordnung für Elsaß-Lothringen vom 6. Juli 1895 Gesetzbl. S 58) noch die Frohnden in Betracht, die für Wegezwecke den Gemeindeeinwohnern aufgelegt werden können und nach Art der direkten Steuern auf Grund von Frohnrollen veranlagt werden (Gesetz über die Vizinalwege vom 28. Juli 1824 und 21. Mai 1836, Vizinalwegeordnungen von 1854 — Möllersche Sammlung Bd. II S. 429, 497, 760) — Gesetz, betreffend die Auferlegung eines vierten Frohntages, vom 17. Juli 1884 — Gesetzbl. S. 105).

bilden, der aus dem Bürgermeister als Vorsitzendem und aus einem oder zwei vom Gemeinderat gewählten Mitgliedern besteht. Die Bildung verschiedener Steuerausschüsse für die einzelnen Abgaben oder für örtlich abgegrenzte Gemeindeteile ist zulässig.

Dem Steuerausschusse tritt bei der Wahrnehmung der Befugnisse, die ihm in den Vorschriften unter § 1 Nr. 1 und 3 zugewiesen sind, der mit der Veranlagung der Abgabe befaßte staatliche oder Gemeindebeamte als Mitglied hinzu.

Wirtschaftsstempel.

§ 3.

Für die Erlangung der Erlaubnis zum ständigen Betriebe einer neuen Gastwirtschaft oder einer neuen Schankwirtschaft, in welchen geistige Getränke zum Genuß auf der Stelle verabreicht werden, kommt für die Gemeinde, in der sich die Betriebsstätte befindet, ein Stempel zur Erhebung, welcher in Gemeinden

unter 800 Einwohnern 100 bis 300 *M*,
von 800 bis 2 000 Einwohnern 200 bis 400 *M*,
von 2 000 bis 10 000 Einwohnern 300 bis 700 *M*,
von mehr als 10 000 Einwohnern 500 bis 1 000 *M*

beträgt.

Gemeinden mit geringerer Einwohnerzahl, insbesondere Kurorte, können durch das Ministerium ermächtigt werden, den Stempel anzuwenden, welcher für Gemeinden mit einer höheren Einwohnerzahl vorgesehen ist. In gleicher Weise kann gestattet werden, daß in den Vororten oder Außenorten von Gemeinden nur der Stempel zur Erhebung gelangt, welcher der Einwohnerzahl dieser Orte entspricht.

§ 4.

Innerhalb der vorgesehenen Grenzen wird der Betrag des Stempels durch Beschluß des Gemeinderats festgesetzt. Der Beschluß bedarf der Genehmigung des Bezirkspräsidenten. Unterläßt es der Gemeinderat trotz ergangener Aufforderung, über den Stempelbetrag rechtzeitig Beschluß zu fassen, so erfolgt die Festsetzung durch den Bezirkspräsidenten.

§ 5.

Bei der Übernahme einer bestehenden Gast- oder Schankwirtschaft kommt nur die Hälfte des festgesetzten Stempelbetrages zur Erhebung. Erfolgt die Übernahme durch die Witwe oder durch Abkömmlinge des bisherigen Inhabers, so wird ein Stempel nicht erhoben.

Wird die Gast- oder Schankwirtschaft von einer juristischen Person betrieben, so ist außer dem Stempel für die Erlangung der Erlaubnis alle fünfzehn Jahre, während welcher die juristische Person den Betrieb weitergeführt hat, der Stempel mit der Hälfte des Betrages zu entrichten.

§ 6.

In abgelegenen Gegenden und kleinen Ortschaften, wo der Bestand einer Gast- oder Schankwirtschaft für den Verkehr notwendig ist, ohne daß der Betrieb einer solchen lohnend wäre, kann der Stempel durch die staatliche Verwaltungsbehörde (§ 7) auf den Betrag von 8 bis 24 Mark ermäßigt werden.

§ 7.

Der Stempel wird von der staatlichen Verwaltungsbehörde bei Erteilung der Erlaubnis zum Wirtschaftsbetriebe für Rechnung der Gemeinde eingewiesen und von dem Verkehrssteueramte eingezogen. Im Falle des § 5 Abs. 2 erfolgt die Anweisung und Erhebung durch die Gemeindeverwaltung.

Kurtaxen.

§ 8.

In Kurorten können die Gemeinden für die Herstellung und Unterhaltung ihrer zu Kurzwecken getroffenen Veranstaltungen Vergütungen von den zureisenden Fremden erheben.

Die Bestimmungen über den Betrag der Vergütung und über die Voraussetzungen, unter denen sie zur Erhebung kommt, werden durch Beschluß des Gemeinderats festgesetzt. Der Beschluß bedarf der Genehmigung des Bezirkspräsidenten.

Für die geschuldete Vergütung haften der Fremde sowie sein Wirt oder Vermieter als Gesamtschuldner.

Verjährung.

§ 9.

Die Ansprüche auf Rückstände von Gemeindeabgaben (Steuern, Gebühren, Beiträgen, Vergütungen) verjähren vorbehaltlich besonderer gesetzlicher Vorschriften in vier Jahren, von dem Ablauf des Rechnungsjahres an gerechnet, in welchem der Anspruch entstanden oder die bewilligte Zahlungsfrist abgelaufen ist.

Schlußvorschriften.

§ 10.

Dieses Gesetz tritt am 1. April 1910 in Kraft.

Die Ausführungsbestimmungen erläßt das Ministerium.[1])

---

[1]) s. bei den einzelnen Gesetzen, Anlagen 1 bis 3.

Anlage 1.

Gesetz
über die
Grundwertabgabe.[1])

§ 1.

Die Gemeinden sind befugt, nach näherer Vorschrift dieses Gesetzes für nicht überbaute Grundflächen eine nach dem gemeinen Werte bemessene jährliche Abgabe (Grundwertabgabe) unbeschadet der Grundsteuer zu erheben, sofern in ihrer Gemarkung oder in einzelnen Teilen der Gemarkung die Bodenpreise nicht bloß vorübergehend eine zu dem Katasterreinertrage der Grundstücke außer Verhältnis stehende Höhe erreicht haben. Die Einführung der Abgabe erfolgt durch Ortssatzung, die vom Gemeinderate beschlossen wird. Der Beschluß bedarf der Genehmigung des Ministeriums. Gleicher Genehmigung unterliegt die Änderung und Ergänzung sowie die Aufhebung der Ortssatzung.

§ 2.

Von der Grundwertabgabe befreit sind:

1. die Grundstücke, welche sich im Besitz des Kaisers befinden;
2. die dem Reiche, Elsaß-Lothringen, den Bezirken oder der Gemeinde gehörenden Grundstücke;
3. die Hofraite- und Hausgarten-Flächen, welche bei der Gebäudesteuerveranlagung ihrem Werte nach bereits berücksichtigt sind;
4. die zu gewerblichen Zwecken dauernd benutzten, nach Maßgabe des § 4 des Ge-

[1]) Ausführungsbestimmungen zu dem Gesetz vom 14. Dezember 1909 über die Grundwertabgabe, vom 29. Dezember 1909 (Zentral- u. Bezirks-Amtsbl. 1910 S. 22).

setzes, betreffend die Verwendung der Erträge der Kapitalsteuer und der Lohn- und Besoldungssteuer, vom 13. Juli 1901 (Gesetzbl. S. 80)[1]) besteuerten Grundstücke;

5. die Grundstücke, welche von den Eigentümern zum Betriebe von Handelsgärtnereien benutzt werden, sofern diese der Gewerbesteuer unterliegen.

§ 3.

Die Höhe der Abgabe sowie die Gemarkungsteile, für welche die Abgabe eingeführt werden soll, werden durch die Ortssatzung (§ 1) festgestellt. Die Abgabe darf den Satz von jährlich 0,50 vom Hundert des gemeinen Wertes des Grundstücks nicht übersteigen.

§ 4.

Die Veranlagung der Abgabe geschieht durch das Katasteramt, soweit erforderlich, unter Mitwirkung von Auskunftspersonen, welche von dem Bürgermeister zu bestellen sind.

§ 5.

Auf Grund der ermittelten Grundstückswerte wird von dem Katasteramte die Heberolle aufgestellt und von dem Bürgermeister für vollstreckbar erklärt.

Die Heberolle mit den Wertansätzen ist nach vorhergegangener öffentlicher Bekanntmachung während einer Ausschlußfrist von einem Monat auf dem Bürgermeisteramte zur Einsichtnahme offenzulegen.

Innerhalb dieser Frist kann der zur Zahlung Verpflichtete gegen die ermittelten Grundstückswerte und gegen den Ansatz der Abgabe Einspruch bei dem Steuerausschusse (§ 2 des Gesetzes, betreffend Gemeindeabgaben) erheben, gegen dessen Entscheidung innerhalb

---

[1]) Roth, 3. Aufl. S. 33, 115.

Monatsfrist von der Zustellung ab Berufung an den Bezirksrat [1]) zulässig ist. Die Entscheidung des Bezirksrats ist endgültig.

§ 6.

Die Grundwertabgabe bildet eine öffentliche Last des Grundstücks im Sinne des § 10 Abs. 1 Nr. 3 und des § 156 des Reichsgesetzes über die Zwangsversteigerung und die Zwangsverwaltung. [2]) Ihre Erhebung und Beitreibung erfolgt auf Grund der Heberolle (§ 5) nach den für die direkten Steuern maßgebenden Vorschriften. [3])

Durch die Einlegung von Rechtsmitteln (§ 5) wird die Zahlung der veranlagten Grundwertabgabe nicht aufgehalten; die Zahlung muß vielmehr mit Vorbehalt späterer Erstattung in den vorgeschriebenen Fristen erfolgen.

§ 7.

Alljährlich findet eine Nachprüfung und, soweit erforderlich, Berichtigung und Ergänzung der auf Grund dieses Gesetzes vorgenommenen Veranlagung nach Maßgabe der inzwischen eingetretenen Veränderungen statt.

Gegen die Ansätze der neuen Heberolle ist Einspruch und Berufung nach den Bestimmungen des § 5 zulässig.

§ 8.

Die Kosten der Veranlagung (§§ 4, 7), der Aufstellung der Heberolle und der Erledigung der Einsprüche und Berufungen (§ 5) hat die Gemeinde der Staatskasse nach einem von dem Ministerium festzusetzenden Tarife zu vergüten; daneben sind die Kosten für die Auskunftspersonen (§ 4) von ihr zu ersetzen.

---

[1]) s. S. 6 Anm. 1.

[2]) Reichs-Gesetzbl. 1898 S. 713; zu vgl. hinsichtlich der Grundsteuer usw. § 6 des Gesetzes, betr. die Ausführung des Reichsgesetzes über die Zwangsversteigerung usw. vom 13. November 1899 (Gesetzbl. S. 162).

[3]) s. S. 5 Anm. 3.

Anlage 2.

Gesetz
über die
Warenhausabgabe.[1])

§ 1.

Gewerbliche Unternehmungen, welche sich mit dem Kleinhandel mit Waren verschiedener Gattung in der Art der Warenhäuser, Basare, Abzahlungs-, Versteigerungs- und Versandgeschäfte befassen, unterliegen der Warenhausabgabe.

Die Warenhausabgabe kommt zur Erhebung in Gemeinden bis zu 10000 Einwohnern bei einem Jahresumsatze der bezeichneten Unternehmungen von mindestens 100 000 ℳ, in Gemeinden von 10 000 bis 50 000 Einwohnern bei einem Jahresumsatze von mindestens 150 000 ℳ und in Gemeinden von mehr als 50 000 Einwohnern bei einem Jahresumsatze von mindestens 200 000 ℳ.

§ 2.

Die Veranlagung der Warenhausabgabe erfolgt nach dem Umsatze, der im letzten Geschäftsjahre erzielt worden ist.

Ist das Geschäft noch nicht ein volles Jahr betrieben worden, so hat die Veranlagung nach dem mutmaßlichen Umsatze des laufenden Geschäftsjahrs zu geschehen.

Bei der Feststellung des Umsatzes sind mehrere Niederlassungen derselben Firma in einer Gemeinde als

---

[1]) Ausführungsbestimmungen zu dem Gesetz vom 14. Dezember 1909 über die Warenhausabgabe, vom 29. Dezember 1909 (Zentral- u. Bezirks-Amtsbl. 1910 S. 28).

ein Betrieb zu behandeln. Als derselben Firma gehörig sind alle Niederlassungen anzusehen, die den gleichen Inhaber oder auch nur einen gleichen persönlich haftenden Gesellschafter haben.

§ 3.

Die Höhe der Warenhausabgabe wird für die Gemeinde durch Ortssatzung festgestellt, die vom Gemeinderate beschlossen wird. Die Ortssatzung bedarf der Genehmigung des Ministeriums.

Die Warenhausabgabe darf den Satz von 1½ vom Hundert des Umsatzes nicht übersteigen, muß aber mindestens ⅛ vom Hundert des Umsatzes betragen. Der Satz kann nach der Höhe des Umsatzes abgestuft werden.

§ 4.

Übersteigt die Warenhausabgabe den Betrag von 15 vom Hundert der für die Veranlagung der Gewerbesteuer angenommenen Ertragsfähigkeit,[1]) so tritt eine Ermäßigung auf diesen Betrag ein.

§ 5.

Die Feststellung der Warenhausabgabe erfolgt alljährlich nach den Vorschriften der §§ 16 bis 22 des Gesetzes, betreffend die Gewerbesteuer, vom 8. Juni 1896 (Gesetzbl. S. 31).

Die Inhaber der der Warenhausabgabe unterliegenden Unternehmungen sind verpflichtet, auf besondere Aufforderung binnen einer Frist von mindestens zwei Wochen eine Erklärung über den Jahresumsatz nach den von dem Ministerium hierüber erlassenen Vorschriften abzugeben.

Auf die Erklärung finden die Bestimmungen der §§ 13, 27—31 des Gesetzes, betreffend die Kapital-

---

[1]) § 6 des Gewerbesteuergesetzes vom 8. Juni 1896.

steuer, vom 13. Juni 1901 (Gesetzbl. S. 55) entsprechende Anwendung.

§ 6.

Auf Grund der Feststellung der Veranlagungskommission hat der Direktor der direkten Steuern den Betrag der Warenhausabgabe der Ortssatzung (§ 3) entsprechend in Ansatz zu bringen und die Heberolle hiernach aufstellen zu lassen. Die Heberolle ist von ihm für vollstreckbar zu erklären und, daß dies geschehen, bekannt zu geben.

§ 7.

Der Ertrag der Warenhausabgabe fließt in die Gemeindekasse; ihre Erhebung und Beitreibung geschieht durch den Gemeinderechner nach den für die direkten Steuern geltenden Vorschriften. [1])

Die Zahlung der veranlagten Warenhausabgabe wird durch die Einlegung von Rechtsmitteln (§ 9) nicht aufgehalten, muß vielmehr mit Vorbehalt späterer Erstattung in den vorgeschriebenen Fristen erfolgen.

§ 8.

Die Abgabenpflicht beginnt mit dem Anfange des auf die Eröffnung des Geschäftsbetriebs folgenden Kalendervierteljahres und dauert bis zum Ende desjenigen Kalendervierteljahres, in welchem der Gewerbebetrieb abgemeldet und eingestellt wird.

§ 9.

Die Bestimmungen der §§ 28 bis 31 des Gesetzes, betreffend die Gewerbesteuer, vom 8. Juni 1896 (Gesetzbl. S. 31) über die Rechtsmittel und Steuererlasse finden auf die Warenhausabgabe mit der Maßgabe entsprechende Anwendung, daß an Stelle des Vor-

---

[1]) s. S. 5 Anm. 3.

sitzenden der Veranlagungskommission der Bürgermeister zur Erhebung des Einspruchs sowie der Berufung zuständig und über Erlasse und Niederschlagungen die Entscheidung des Gemeinderats gemäß § 56 Nr. 9 der Gemeindeordnung herbeizuführen ist.

Anlage 3.

Hundesteuergesetz. [1]

§ 1.

Für alle Hunde, die nicht mehr gesäugt werden, ist eine Steuer an die Gemeinde zu entrichten, in welcher der Hund gehalten wird.

§ 2.

Der regelmäßige Satz der Steuer darf nicht mehr als 24 M und nicht weniger als 6 M im Jahre betragen. Innerhalb dieser Grenzen wird der Steuersatz durch Beschluß des Gemeinderats festgesetzt.

Für Hunde, welche ausschließlich als Wachthunde, zu gewerblichen oder wissenschaftlichen Zwecken, zur Unterstützung von Blinden oder mit anderen Gebrechen behafteten Personen oder in Ausübung eines öffentlichen Dienstes gehalten werden, tritt eine Ermäßigung des Steuersatzes ein. Der ermäßigte Satz beträgt ein Viertel des regelmäßigen Satzes.

Unterläßt es der Gemeinderat trotz der Aufforderung der Gemeindeaufsichtsbehörde (§ 71 Abs. 1 der Gemeindeordnung), über den regelmäßigen Steuersatz rechtzeitig Beschluß zu fassen, so erfolgt die Festsetzung durch die Aufsichtsbehörde.

Der festgesetzte Steuersatz darf vor dem Ablaufe von

[1] Ausführungsbestimmungen, betreffend die Hundesteuer (Gesetz vom 14. Dezember 1909), vom 10. Januar 1910 (Zentral- u. Bezirks-Amtsbl. S. 33).

drei Jahren nur mit Genehmigung der Aufsichtsbehörde abgeändert werden.

§ 3.

Wer am 1. April eines Jahres einen der Steuer unterliegenden Hund hält, hat die Steuer von diesem Zeitpunkt an mit ihrem vollen Jahresbetrage zu entrichten.

Wer am 1. Oktober einen Hund hält, der am 1. April in der Gemeinde noch nicht Gegenstand der Steuer war, hat die Steuer vom 1. Oktober an mit der Hälfte ihres Jahresbetrags zu entrichten, ausgenommen wenn es sich um einen Hund handelt, der an Stelle eines in Verlust gegangenen versteuerten Hundes getreten ist.

Wird in der Zeit nach dem 1. April bis zum 1. Oktober die Verwendung eines zu dem ermäßigten Satze versteuerten Hundes derart geändert, daß die Anwendung des regelmäßigen Satzes gerechtfertigt ist, so hat der, der den Hund am 1. Oktober hält, von diesem Zeitpunkt an die Hälfte des Unterschieds in dem Jahresbetrage der beiden Steuersätze nachzuentrichten.

Ist die Steuerpflicht am 1. Oktober wegen eines Hundes eingetreten, der bereits für das laufende Rechnungsjahr in einer anderen Gemeinde des Landes versteuert war, so darf die in der anderen Gemeinde veranlagte Steuer mit der Hälfte ihres Jahresbetrags auf die zu zahlende in Anrechnung gebracht werden.

§ 4.

Wer einen zu versteuernden Hund hält, hat ihn spätestens zwei Wochen nach dem Eintritte der Steuerpflicht auf dem Bürgermeisteramte der zum Bezuge der Steuer berechtigten Gemeinde anzumelden. Macht der Anmeldende auf die Anwendung des ermäßigten Satzes Anspruch, so hat er dies anzugeben und zu begründen. Erhöht sich die Steuerpflicht infolge einer Änderung in der Verwendung des Hundes, so hat spätestens zwei Wochen nach Eintritt der erhöhten Steuerpflicht Anmeldung zu erfolgen.

Zu einer Wiederholung der Anmeldung ist der Besitzer nicht verpflichtet. Wer, ohne bis zum 1. April aus der Gemeinde verzogen zu sein, einen seither von ihm versteuerten Hund bis zum 15. April nicht abmeldet, hat die Steuer für das neue Rechnungsjahr weiter zu entrichten.

Über die An- und Abmeldung ist auf Verlangen eine Bescheinigung zu erteilen.

§ 5.

Die Steuerveranlagung erfolgt in den Gemeinden von 25 000 und mehr Einwohnern sowie in den gleichgestellten Gemeinden (§ 1 der Gemeindeordnung) durch den Bürgermeister oder einen von ihm zu bestimmenden Gemeindebeamten, in den übrigen Gemeinden durch den Rentmeister. Für die Tätigkeit des Rentmeisters bei der Veranlagung ist der Staatskasse eine Vergütung von der Gemeinde zu leisten.

Das für Gemeinden von 25 000 und mehr Einwohnern vorgeschriebene Veranlagungsverfahren kann auf andere Gemeinden, welche einen besonderen Gemeinderechner haben, durch Beschluß des Gemeinderats ausgedehnt werden.

Über das Ergebnis der Veranlagung ist eine Heberolle aufzustellen, die von dem Bürgermeister vierzehn Tage lang öffentlich auszulegen und alsdann für vollstreckbar zu erklären ist. Die Auslegung und Vollstreckbarerklärung sind öffentlich bekannt zu machen. Auch ist dem Steuerpflichtigen ein Steuerzettel zuzustellen.

§ 6.

Gegen die Veranlagung steht dem Steuerpflichtigen der Einspruch an den Steuerausschuß (§ 2 des Gesetzes, betreffend Gemeindeabgaben) zu. Der Einspruch ist binnen drei Monaten nach Bekanntmachung der Vollstreckbarerklärung bei dem Bürgermeister einzureichen.

Gegen die Entscheidung des Steuerausschusses kann sowohl der Steuerpflichtige wie auch die Gemeinde und der Rentmeister Berufung an den Bezirksrat [1]) ergreifen. Die Berufung ist von dem Steuerpflichtigen binnen Monatsfrist von dem Tage der Zustellung oder Übergabe, von der Gemeinde oder dem Rentmeister binnen Monatsfrist von dem Tage des Erlasses der Entscheidung an bei der Gemeindeaufsichtsbehörde einzureichen und von dieser mit gutachtlicher Äußerung an den Bezirksrat abzugeben. Der Bezirksrat entscheidet endgültig.

§ 7.

Ergänzungsveranlagungen sind bis zum Ablaufe von drei Monaten nach dem Schlusse des Rechnungsjahres zulässig, in welchem die Steuerpflicht (§ 3 Abs. 1—3) eingetreten ist.

§ 8.

Mit Hundezüchtern, die dauernd mehr als fünf Hunde halten, kann nach Beschluß des Gemeinderats ein Abkommen über die Besteuerung getroffen werden.

§ 9.

Zu dem regelmäßigen Satze versteuerte Hunde, für welche die Steuer nicht beigetrieben werden kann, können während des Rechnungsjahres, für welches die Steuer geschuldet ist, eingezogen und alsdann beseitigt werden.

§ 10.

Zuwiderhandlungen gegen die Vorschriften über die Anmeldung der Hunde und wahrheitswidrige Abmel-

---

[1]) Vgl. S. 6 Anm. 1.

dungen werden mit Geldstrafe bis zum Dreifachen des Jahresbetrages der hinterzogenen Steuer bestraft.

Der Erlaß eines Strafbescheides durch den Bürgermeister (§ 459 der Strafprozeßordnung)[1]) ist zulässig. Der Strafbescheid ist dem Beschuldigten durch Zustellung oder Übergabe gegen Empfangsbescheinigung bekannt zu machen. Eine Beschwerde im Verwaltungswege findet gegen den Bescheid nicht statt.

Die Geldstrafen fließen in die Gemeindekasse.

Die Strafverfolgung verjährt mit dem Ablaufe der im § 7 bezeichneten Frist.

Gesetz,

betreffend

die Feststellung des Landeshaushalts-Etats von Elsaß-Lothringen für das Rechnungsjahr 1910. Vom 13. Mai 1910.

(Gesetzbl. S. 27.)

---

§ 2.

Die direkten Steuern werden für das Rechnungsjahr 1910 in Prinzipale und Zuschlägen nach Maßgabe der als Anlage B beigefügten Übersicht den Bestimmungen der Gesetze gemäß erhoben.[2]) [3]) B.

---

[1]) Strafprozeßordnung vom 1. Februar 1877 (Reichs-Gesetzbl. S. 253).

[2]) Dieser Wortlaut des § 2, der aus den französischen Etatsgesetzen übernommen worden ist, findet sich unverändert seit dem Etatsgesetz für 1872, dem ersten unter deutscher Verwaltung erlassenen, vom 10. Juni 1872 (Gesetzbl. S. 177) bis einschließlich 1915 — seit 1912 heißt es statt Prinzipale „Grundbetrag". Im Etatsgesetz für 1916 ist der Wortlaut geändert und die Übersicht weggefallen (s. S. 49).

[3]) In der hier nicht mit abgedruckten Übersicht sind für das Rechnungsjahr 1910 erstmalig Zuschläge für allgemeine Staatszwecke eingeführt. Solche Zuschläge fanden sich in den französischen Etatsgesetzen in Höhe

§ 10.

Im Rechnungsjahr 1910 wird die Förderabgabe (§ 1 Ziffer 2 b des Gesetzes vom 14. Juli 1908, betreffend die Bergwerksbesteuerung, Gesetzbl. S. 73) in Höhe von Eins vom Hundert des mittleren Verkaufswertes der gewonnenen Mineralien, die Zusatzsteuer (§ 2 Abs. 3 des vorgenannten Gesetzes) in Höhe von 1½ vom Hundert der bei der Veranlagung zur Gewerbesteuer zugrunde gelegten gesamten Ertragsfähigkeit erhoben.[1])

§ 12.

Die Benachrichtigungsgebühren bei den direkten Steuern (Artikel 51 des Gesetzes vom 15. Mai 1818) werden bis auf weiteres in Höhe von 0,05 ℳ für jeden Steuerzettel erhoben.[2])

---

von 17 v. H. auf die Personal- und Mobiliarsteuer, 15,8 v. H. auf die Tür- und Fenstersteuer und 10,8 v. H. auf die Patentsteuer. Sie wurden unter der deutschen Verwaltung in gleicher Höhe weitererhoben bis zum jeweiligen Außerkrafttreten der bezeichneten Steuern in den Jahren 1895, 1896 und 1902. Seit 1903 waren keine Zuschläge für allgemeine Staatszwecke mehr erhoben worden. Die 1910 eingeführten und seither beibehaltenen Zuschläge werden in Höhe von 12 v. H. vom Grundbetrage der Grund-, Gebäude-, Kapital-, Lohn- und Besoldungs-, Gewerbe-, Wandergewerbe- und Bergwerkssteuer erhoben und wurden 1912 auch auf die Steuer der Toten Hand ausgedehnt, sodaß sie seitdem alle direkten Steuern treffen.

Gleichzeitig mit der Einführung der allgemeinen Zuschläge d. h. zum 1. April 1910 kamen die gemäß §§ 5, 6 des Gesetzes, betreffend die Gehalts- und Pensionsverhältnisse der protestantischen Pfarrer und die Fürsorge für deren Witwen und Waisen vom 6. Juli 1901 (s. Roth, 3. Aufl., S. 123) seit dem Rechnungsjahre 1903 als Zuschläge zu den direkten Steuern erhobenen Umlagen für kirchliche Zwecke in Wegfall, da dieses Gesetz durch § 12 des am 1. April 1910 in Kraft getretenen Gesetzes, betreffend die Gehalts- und Pensionsverhältnisse der staatlich besoldeten Religionsdiener und ihrer Hinterbliebenen vom 15. November 1909 (Gesetzbl. S. 126) aufgehoben worden ist. Die Umlagen für kirchliche Zwecke waren seit 1903 in Höhe von 5 v. H., seit 1906 in Höhe von 7 v. H. erhoben worden (vgl. Zentral- und Bezirks Amtsbl. 1904, S. 18, 129, 141, 1905 S. 353, 1906 S. 199, 1907 S. 207 und 1908 S. 277).

[1]) Die für 1908 erstmalig erhobene Förderabgabe betrug nach dem Gesetz vom 14. Juli 1908 (s. Roth 3. Aufl. S. 75) drei Viertel, die Zusatzsteuer eins vom Hundert. Durch das Gesetz vom 28. Mai 1913 (vgl. S. 22) sind beide Abgaben weiter erhöht worden.

[2]) Die Benachrichtigungsgebühren betrugen bis dahin nach dem Gesetz vom 15. Mai 1818 (Möllersche Sammlung S. 399) 5 Centimes = 4 Pfennig.

Reichsbesteuerungsgesetz.

Vom 15. April 1911.

(Reichs-Gesetzbl. S. 187.)

---

§ 1.

Das Reich ist verpflichtet, die in einem Bundesstaat, einer Gemeinde oder einem weiteren Kommunalverbande für die Benutzung der im öffentlichen Interesse unterhaltenen Veranstaltungen und für einzelne Handlungen der Amtsorgane allgemein festgesetzten Gebühren (Benutzungs- und Verwaltungsgebühren) zu zahlen, sofern ihm nicht ein besonderer Rechtstitel auf Gebührenfreiheit zusteht.

Entsprechendes gilt hinsichtlich der Beiträge, welche behufs Deckung der Kosten für Herstellung und Unterhaltung der durch das öffentliche Interesse erforderten Veranstaltungen von denjenigen Grundeigentümern erhoben werden, denen hierdurch besondere wirtschaftliche Vorteile erwachsen, auch hinsichtlich der Straßenbaubeiträge.

Das Reich ist von der Zahlung aller Gerichtsgebühren befreit.

§ 2.

Das Reich genießt Freiheit von allen zur Hebung gelangenden Staatssteuern [1]) mit Ausnahme der Abgaben von Malz und Bier.

§ 3.

Von Gemeinden und weiteren Kommunalverbänden kann das Reich lediglich, und zwar nur in

---

[1]) Bis zum Jahre 1910 wurde das Reich, insbesondere die Reichseisenbahn zur elsaß-lothringischen Grund- und Gebäudesteuer herangezogen (das Aufkommen betrug an Grundsteuer rund 21000 ℳ, an Gebäudesteuer rund 92000 ℳ).

demselben Umfang wie der einzelne Bundesstaat, zu Realsteuern vom Grundbesitz und zu indirekten Steuern, die auf den Erwerb oder die Veräußerung von Grundstücken und von Rechten gelegt werden, für welche die auf Grundstücke bezüglichen Vorschriften gelten, sowie zu Abgaben von Malz und Bier herangezogen werden.

§ 4.

Die §§ 2 und 3 finden keine Anwendung auf Militärspeiseeinrichtungen und ähnliche Anstalten, welche nicht auf Kosten des Reichs betrieben werden.

§ 5.

Die Erhebung der Oktroivergütungsgelder (Kasernierungskostenbeiträge) von den oktroiberechtigten Gemeinden in Elsaß-Lothringen kommt spätestens mit dem Inkrafttreten dieses Gesetzes in Wegfall. [1])

§ 6.

Eine Gemeinde, welcher infolge eines in ihr oder in einer nahegelegenen Gemeinde aus Reichsmitteln unterhaltenen fabrikmäßigen oder fabrikähnlichen Reichsbetriebs Ausgaben erwachsen, ist berechtigt, von dem Reiche nach Maßgabe der folgenden Bestimmungen einen Zuschuß zu ihren Ausgaben zu verlangen, sofern diejenigen in der Gemeinde wohnenden Personen, welche in den Betrieben als Arbeiter, Beamte oder im privatrechtlichen Vertragsverhältnis eines Dienstverpflichteten angestellt oder beschäftigt sind, nebst ihren Haushaltungsangehörigen am Anfang des Rechnungsjahrs mehr als 8 vom Hundert, oder, falls in der Gemeinde weder Truppen des Heeres noch Marineteile

---

[1]) Als Kasernierungskostenbeiträge hatten die meisten der oktroiberechtigten Garnisonstädte dafür, daß sie die Militärverwaltung zum Oktroi heranzogen, jährliche Bauschsummen (1910: 111224 ℳ) zu entrichten. (Dekret vom 7. August 1910, Gesetz vom 15. Mai 1818 Artikel 46, Verordn. v. 5. August 1818 — Möllersche Sammlung Bd. II S. 313, 398, 401.)

ihren Standort haben, mehr als 2 vom Hundert der Zivilbevölkerung ausmachen.

Zur Ermittelung der Höhe des Zuschusses wird festgestellt, wieviel an fortdauernden allgemeinen Verwaltungskosten, Volksschul-, Armenlasten und Kosten zur Unterhaltung der Decke von öffentlichen Straßen, Wegen und Plätzen in dem dem laufenden Rechnungsjahre vorangehenden Rechnungsjahr und wieviel an einmaligen allgemeinen Verwaltungskosten, Volksschul- und Armenlasten aus ordentlichen Mitteln nach dem Durchschnitt der vorangegangenen fünf Rechnungsjahre aufzubringen gewesen sind. Soweit die einmaligen derartigen Kosten und Lasten aus Anleihen gedeckt sind, werden nur die Verzinsungs- und Tilgungsraten in dem vorangegangenen Rechnungsjahr unter den fortdauernden Ausgaben zum Ansatz gebracht. Von dem so ermittelten Betrage wird der von sämtlichen unter Abs. 1 fallenden Angestellten und Beschäftigten sowie deren Haushaltungsangehörigen bei gleichmäßiger Verteilung auf den Kopf der Bevölkerung aufzubringende Anteil errechnet, und von diesem werden die von den bezeichneten Personen gezahlten direkten Gemeindesteuern in Abzug gebracht.

Von der hiernach sich ergebenden Summe berechnet sich der zu zahlende Zuschuß:

1. auf 30 Prozent, falls die in Betracht kommenden Angestellten und Beschäftigten nebst ihren Haushaltungsangehörigen bis einschließlich 20 vom Hundert,
2. auf 50 Prozent, falls sie mehr als 20 bis einschließlich 40 vom Hundert,
3. auf 70 Prozent, falls sie mehr als 40 bis einschließlich 60 vom Hundert,
4. auf 90 Prozent, falls sie mehr als 60 vom Hundert der Zivilbevölkerung der Gemeinde ausmachen.

Werkstätten und ähnliche Einrichtungen der Reichseisenbahnen gelten nicht als fabrikmäßige oder fabrikähnliche Betriebe im Sinne dieser Vorschriften.

Soweit Gemeinden auf Grund von Verträgen aus Reichsmitteln zu ihren Ausgaben Beihilfen erhalten, sind diese auf die Zuschüsse anzurechnen.

Den Gemeinden stehen die Gutsbezirke gleich.

§ 7.

Elsaß-Lothringen erhält nach dem Abschluß jedes Rechnungsjahrs behufs Zuführung an die Gemeinden, in deren Gemarkung oder Umgebung sich eine Station oder eine für sich bestehende Betriebs- oder Werkstätte der von der Reichseisenbahnverwaltung für Rechnung des Reichs betriebenen Eisenbahnen befindet, aus den Erträgnissen dieser Eisenbahnen einen Anteil in Höhe von fünf vom Hundert des rechnungsmäßigen Überschusses, mindestens jedoch zweihunderttausend Mark. Aus der überwiesenen Summe sind die Gemeinden, denen ohne die Vorschrift im § 6 Abs. 4 ein Anspruch auf Zuschuß gegen das Reich zustehen würde, vorweg zu bedenken.

Bei der Ermittelung des rechnungsmäßigen Überschusses nach Abschluß jedes Rechnungsjahrs ist unter die Ausgaben eine 3½prozentige Verzinsung des sich für den Jahresdurchschnitt ergebenden Anlage- und Erwerbskapitals der Reichseisenbahnen nach der amtlichen Statistik der im Betriebe befindlichen Eisenbahnen zu übernehmen. Die Feststellung des rechnungsmäßigen Überschusses erfolgt alljährlich endgültig durch den Reichskanzler.

Über die Verteilung der überwiesenen Summe an die Gemeinden trifft die Gesetzgebung Elsaß-Lothringens Bestimmung. [1])

---

[1]) s. die Gesetze vom 20. Mai 1911 und 5. Mai 1913 (S. 28 und 29).

§ 8.

Das Recht auf Gebühren und Beiträge (§ 1) sowie auf Steuern (§ 3) erlischt mit Ablauf des Rechnungsjahrs, das auf das Rechnungsjahr folgt, in welchem die Forderung entstanden ist.

Der Anspruch auf den Zuschuß (§ 6) erlischt, falls er nicht bis zum Ablauf des Rechnungsjahrs geltend gemacht ist.

§ 9.

Als Rechnungsjahr gilt im Sinne der §§ 6 und 8 das Rechnungsjahr des Forderungsberechtigten, im übrigen das Rechnungsjahr des Reichs.

§ 10.

Soweit dieses Gesetz nicht ein anderes bestimmt, gelten für die Veranlagung und Einforderung der durch das Gesetz begründeten Abgabe- und Zuschußverpflichtungen des Reichs sowie für die Rechtsmittel gegen die Heranziehung des Reichs die in den einzelnen Staaten für Gemeindeabgaben geltenden Vorschriften.

Im Falle der Einforderung eines Zuschusses gemäß § 6 beträgt die Rechtsmittelfrist, falls sie nach diesen Vorschriften nicht länger ist, drei Monate.

§ 11.

Diejenigen Gemeinden, an welche das Reich im Rechnungsjahr 1910 Steuern von Einkommen aus Grundbesitz gezahlt hat, sind berechtigt, diese Steuern in gleicher Höhe bis zum 1. April 1921 weiter zu erheben.

§ 12.

Dieses Gesetz tritt am 1. April 1911 in Kraft.

Mit diesem Zeitpunkt tritt der § 1 Abs. 2 des Gesetzes über die Rechtsverhältnisse der zum dienstlichen Gebrauch einer Reichsverwaltung bestimmten Gegenstände vom 25. Mai 1873 (Reichs-Gesetzbl. S. 113),[1]) soweit er sich auf die Befreiung des Reichs von Steuern bezieht, außer Kraft.

Die im § 7 vorgeschriebene Überweisung erfolgt erstmalig im Jahre 1911 nach dem Abschluß des Rechnungsjahrs 1910.

Insoweit nach diesem Gesetze Truppenteile von Abgaben befreit sind, gelten diese Befreiungen auch für die außerhalb Bayerns stehenden bayerischen Truppenteile.

Gesetz,

betreffend

die Feststellung des Landeshaushalts-Etats von Elsaß-Lothringen für das Rechnungsjahr 1911. Vom 20. Mai 1911.

(Gesetzbl. S. 13.)

---

§ 15.

Bis zur anderweiten gesetzlichen Regelung ist der auf Grund des § 7 des Reichsbesteuerungsgesetzes[2]) vom Reiche an Elsaß-Lothringen zu überweisende Betrag den Gemeinden nach Maßgabe der folgenden Bestimmungen zuzuführen:

1. Die Berechnung der Zuschüsse an diejenigen Gemeinden, die nach § 7 Abs. 1 Satz 2 des Reichsbesteuerungsgesetzes vorweg zu bedenken sind, erfolgt unter entsprechender Anwendung der Vorschriften des § 6 desselben Gesetzes mit

---

[1]) Vgl. Roth 3. Aufl. S. 14.
[2]) s. S. 23.

der Maßgabe, daß die in einem Betriebe der Reichseisenbahnen angestellten oder beschäftigten Personen nebst ihren Haushaltungsangehörigen den dort für Gemeinden ohne Garnison bestimmten Prozentsatz der Zivilbevölkerung ausmachen müssen.

Gesetz,

betreffend

die Feststellung des Landeshaushalts-Etats von Elsaß-Lothringen für das Rechnungsjahr 1913. Vom 5. Mai 1913.

(Gesetzbl. S. 15.)

---

§ 12.

Ziff. 2 und 3 des § 15 des Gesetzes vom 20. Mai 1911, betreffend die Feststellung des Landeshaushalts-Etats für das Rechnungsjahr 1911 (Gesetzbl. S. 13), werden durch folgende Vorschriften als Ziff. 2 ersetzt.

2. „Der verbleibende Betrag ist zu Beihilfen zu den Kosten des Elementarunterrichts, der Armenpflege und anderer öffentlicher Zwecke an Gemeinden zu verwenden, die unter § 7 des Reichsbesteuerungsgesetzes fallen.

Soweit der Gesamtbetrag nach Abzug der auf Grund der Ziff. 1 zu gewährenden Zuschüsse ausreicht, sind mindestens 120 000 ℳ zu Beihilfen zu den Kosten des Elementarunterrichts zu verwenden. Diese Beihilfen sind nach den für die Verteilung derartiger Beihilfen aus Landesmitteln maßgebenden Bestimmungen zu verteilen.“

Diese Vorschriften finden auch Anwendung, soweit aus Vorjahren noch Bestände aus Zahlungen des Reichs auf Grund des § 7 des Reichsbesteuerungsgesetzes verfügbar sind.

Bergwerkssteuergesetz.

Vom 28. Mai 1913.[1] [2]

(Gesetzbl. S. 69.)

---

§ 1.

Die Bergwerke unterliegen:

1. ohne Unterschied, ob ein Betrieb stattfindet oder nicht, einer Flächenabgabe von einer halben Mark für das Hektar verliehenen Feldes;
2. sofern ein Betrieb stattfindet, außerdem
   a) der Gewerbesteuer nach Maßgabe des Gesetzes vom 8. Juni 1896 (Gesetzbl. S. 31),
   b) einer Förderabgabe von eineinhalb vom Hundert des mittleren Verkaufswerts der gewonnenen Mineralien (§ 1 des Berggesetzes vom 16. Dezember 1873, in der Fassung des Gesetzes vom 23. August 1912, Gesetzbl. S. 105). Für die Gewinnung der in Lagern vorkommenden oolithischen Eisenerze wird bei einem mittleren Verkaufswerte der Tonne von

---

[1] Durch das Gesetz, betreffend Abänderung des Gesetzes über die Bergwerksbesteuerung vom 14. Juli 1908, vom 28 Mai 1913 (Gesetzbl. S. 67) ist von diesem Gesetz (vgl. Roth 3. Aufl. S. 75) der § 1 Nr. 2b und der § 2 Abs. 2 und 3 geändert worden. Die hier wiedergegebene Fassung ist diejenige gemäß Bekanntmachung des Statthalters vom 12. Juni 1913 (Gesetzbl. S 69). Der § 4 des Gesetzes vom 14. Juli 1908 ist in dem Gesetz nach der neuen Fassung nicht mehr enthalten, weil er seither in das neu gefaßte Stempelgesetz vom 28. Mai 1912 (Gesetzbl. S. 46) als § 30 Nr. 4 aufgenommen worden ist.

[2] Vgl. auch § 10 des Gesetzes vom 13. Mai 1910 (s. S. 21).

mehr als 2 M für je 10 Pf. Mehrwert oder einen Bruchteil davon ein Abgabezuschlag von ein Zehntel vom Hundert des mittleren Verkaufswerts bis höchstens dreieinhalb vom Hundert erhoben.

Die auf Steinsalz, Kali-, Magnesia- und Borsalze nebst den mit diesen Salzen auf der nämlichen Lagerstätte vorkommenden Salzen und die auf Solquellen verliehenen Bergwerke sind von der Förderabgabe ausgenommen.

§ 2.

Zu der Flächenabgabe (§ 1 Nr. 1) werden wie bei der Gewerbesteuer Bezirks- und Gemeindezuschläge sowie ein Zuschlag von fünf vom Hundert zur Deckung der Ausfälle erhoben.

Die Veranlagung der Förderabgabe (§ 1 Nr. 2 b) erfolgt durch die für die Veranlagung der Gewerbesteuer zuständigen Bezirkskommissionen und unterliegt den für die Gewerbesteuer zulässigen Rechtsmitteln. Die Bergwerksunternehmer sind verpflichtet, über die der Förderabgabe unterliegenden Fördermengen und deren Werte auf besondere Aufforderung binnen 2 Wochen eine Erklärung nach den von dem Ministerium erlassenen Vorschriften abzugeben. Auf die Erklärung finden die §§ 13 und 27 bis 31 des Gesetzes, betreffend die Kapitalsteuer, vom 13. Juli 1901 (Gesetzbl. S. 55) entsprechende Anwendung.

Betriebe, welche die auf Steinsalz, Kali-, Magnesia- und Borsalze nebst den mit diesen Salzen auf der nämlichen Lagerstätte vorkommenden Salzen und auf Solquellen verliehenen Bergwerke ausbeuten, unterliegen einer Zusatzabgabe zur Gewerbesteuer. Die Zusatzabgabe beträgt für die zur Ausbeutung der Steinsalz- und Solquellenbergwerke errichteten Betriebe zwei vom Hundert und für die zur Ausbeutung der Kali-, Magnesia- und Vorsalzbergwerke errichteten Betriebe drei vom Hundert der bei der Veranlagung zur Gewerbesteuer zugrunde gelegten Ertragsfähigkeit des Gesamtbetriebs.

Die Erhebung der Bergwerksabgaben erfolgt nach den für die direkten Steuern maßgebenden Vorschriften.[1])

§ 3.

Wird die Flächenabgabe (§ 1 Nr. 1) innerhalb zweier Jahre vom Tage der Fälligkeit nicht entrichtet, so kann die Oberbergbehörde die Entziehung des Bergwerkseigentums an einem nicht in Betrieb befindlichen Bergwerk und Grubenfelde durch einen Beschluß aussprechen. Der Beschluß ist nur zulässig, wenn die Bergwerkseigentümer durch die Steuerbehörde zweimal unter Androhung des Antrags auf Entziehung zur Zahlung aufgefordert worden sind.

Auf die Entziehung finden die Vorschriften der §§ 134 bis 141 des Berggesetzes vom 16. Dezember 1873 (Gesetzbl. S. 397) und der §§ 83, 85 des Ausführungsgesetzes zum Bürgerlichen Gesetzbuch (Gesetzbl. 1900 S. 1) Anwendung. Die Klage auf Aufhebung des Beschlusses (§ 135 des Berggesetzes) kann jedoch nur damit begründet werden, daß die tatsächlichen Voraussetzungen zur Entziehung nicht vorliegen.

§ 4.

Aufgehoben sind die Gesetze, betreffend die Besteuerung der Bergwerke, vom 21. April 1810 (Bull. d. l. Sér. IV N° 5401), 16. Dezember 1873 (Gesetzbl. S. 431), 2. November 1896 (Gesetzbl. S. 77),[2]) §§ 1 und 2a des Gesetzes vom 17. Mai 1906 (Gesetzbl.

[1]) Vgl. S. 5 Anm. 3.
[2]) Vgl Roth 1. Aufl. S. 71, 72 und 73.

S. 51)[1]) sowie § 4 Nr. 3 des Gesetzes vom 8. Juni 1896, betreffend die Gewerbesteuer.

Dieses Gesetz tritt am 1. April 1913 in Kraft.

Das Ministerium erläßt die Ausführungsbestimmungen.[2])

Verordnung des Statthalters,

betreffend

die Ausführung des Gesetzes über einen einmaligen außerordentlichen Wehrbeitrag vom 3. Juli 1913. Vom 24. Dezember 1913.

(Gesetzbl. 1914 S. 1.)

Artikel I.

Auf Grund des § 31 Abs. 1 Satz 3 des Gesetzes über einen einmaligen außerordentlichen Wehrbeitrag vom 3. Juli 1913 (Reichsgesetzbl. S. 505) wird über die Ermittelung des Einkommens der Personen, die nach den §§ 1, 10 und 31 des Gesetzes zur Entrichtung eines Wehrbeitrags vom Einkommen verpflichtet sind, folgendes bestimmt:

§ 1.

Als Einkommen der in § 10 Abs. I des Gesetzes

---

[1]) Durch § 1 des Gesetzes, betreffend die Besteuerung der Bergwerke, vom 17. Mai 1906 ist die feste Bergwerkssteuer (Flächenabgabe) von 8 Pfennig auf eine halbe Mark für das Hektar erhöht worden.

[2]) Ausführungsbestimmungen zum Bergwerkssteuergesetz vom 28. Mai 1913, vom 5. Dezember 1913 (Zentral- und Bezirks-Amtsbl. S. 445).

vom 3. Juli 1913 bezeichneten Personen ist das gesamte Einkommen nach Maßgabe der nachstehenden Bestimmungen in Ansatz zu bringen. Bei den in § 10 Abs. II a. a. O. bezeichneten Personen unterliegt dem Wehrbeitrag nur das Einkommen aus ihrem inländischen Grundvermögen (§ 2 Nr. 1, § 3 a. a. O.) und aus ihrem inländischen Betriebsvermögen (§ 2 Nr. 2, § 4 a. a. O.).

§ 2.

Quellen des Einkommens.

Als Einkommen gelten Einkünfte in Geld oder Geldeswert

1. aus Grundstücken oder Gebäuden und aus Rechten an solchen sowie aus dem Betriebe der Land- oder Forstwirtschaft;
2. aus Gewerbe oder Handel einschließlich des Bergbaues;
3. aus Kapital oder Renten;
4. aus Arbeit oder Beruf sowie aus wiederkehrenden Bezügen oder Vorteilen jeder Art, soweit diese Einkünfte nicht unter die Nummern 1—3 fallen.

§ 3.

Einkommen aus:
1. Grundstücken oder Gebäuden.

I. Als Einkünfte aus Grundstücken oder Gebäuden (§ 2 Nr. 1) gelten

1. im Falle der land- oder forstwirtschaftlichen Bewirtschaftung von eigenen oder fremden Grundstücken durch den Beitragspflichtigen der erzielte Ertrag einschließlich des Ertrags aus Viehhaltung. Bei der Ermittelung des Ertrags ist anzusetzen der Wert der gegen Barzahlung, auf Kredit oder gegen sonstige Vorteile veräußerten, der für Haushaltungszwecke verwendeten und der am Schlusse des Betriebsjahrs noch vorhandenen Erzeugnisse.

Im Falle des Betriebs der Landwirtschaft auf gepachteten Grundstücken ist dem Einkommen des Pächters der Mietwert einer mitgepachteten Wohnung zuzurechnen;

2. im Falle der anderweiten Benutzung von Grundstücken oder Gebäuden durch den Eigentümer oder einen sonst dinglich Berechtigten der Geldwert der Nutzung, insbesondere der Mietwert einer Wohnung, soweit die Nutzung nicht schon in den Einkünften aus einem landwirtschaftlichen oder einem gewerblichen Betrieb in Anrechnung gekommen ist;

3. im Falle der Verpachtung oder Vermietung von Grundstücken und Gebäuden die Pacht- oder Mietzinsen zuzüglich des Geldwerts der dem Verpächter oder Vermieter zukommenden Natural- und sonstigen Leistungen sowie der ihm vorbehaltenen Nutzungen. Ein Bergwerk gilt im Sinne dieser Vorschrift als Grundstück.

II. Das Verfahren zum Zwecke der Ermittelung der Einkünfte aus der land- oder forstwirtschaftlichen Bewirtschaftung von Grundstücken (Abs. I Nr. 1) wird durch nähere Bestimmung des Ministeriums geregelt, mit der Maßgabe, daß der Geldwert der nach Abs. I Nr. 1 anzusetzenden Einkünfte

1. bei größeren Betrieben im einzelnen zu berechnen ist; auf Betriebe, für die geordnete Bücher nach Art der kaufmännischen Buchführung geführt werden, findet die Vorschrift des § 4 Abs. II entsprechende Anwendung;

2. bei mittleren und kleineren Betrieben nach der Menge und dem Werte der gewonnenen Erzeugnisse, unter Berücksichtigung der Verhältnisse des einzelnen Betriebes und der Grundsteuer-Reinerträge geschätzt werden kann.

III. Für landwirtschaftliche Nebenbetriebe wie Brennereien, Ziegeleien und Gewinnung von Bodenbestandteilen können die Einkünfte nach den Vorschriften des § 4 berechnet werden.

§ 4.

2. Gewerbe oder Handel.

I. Als Einkünfte aus Gewerbe oder Handel sowie aus dem Bergbau (§ 2 Nr. 2) gilt der Ertrag aus dem Geschäftsbetriebe. Im Falle der Verpachtung eines Gewerbebetriebs findet die Vorschrift des § 3 Abs. I Nr. 3 entsprechende Anwendung.

II. Der Geschäftsertrag ist bei Steuerpflichtigen, die Handelsbücher nach Vorschrift des § 38 des Handelsgesetzbuchs führen, nach den Grundsätzen zu berechnen, die für die Inventur und die Bilanz vorgeschrieben sind oder dem Gebrauch eines ordentlichen Kaufmanns entsprechen.

III. Die Erträge aus dem im Gewerbebetrieb angelegten eigenen Kapitale gelten als gewerbliche Einkünfte.

IV. Als Einkünfte aus Gewerbebetrieb gelten auch die Gewinnanteile und sonstige Bezüge der persönlich haftenden Gesellschafter einer Kommanditgesellschaft auf Aktien, soweit sie nicht für ihre Anteile an dem Grundkapitale gewährt werden (§ 5 Nr. 2).

V. Als Einkünfte aus Gewerbebetrieb gelten ferner die Einkünfte der Gesellschafter einer offenen Handelsgesellschaft, einer Kommanditgesellschaft und einer Gesellschaft des bürgerlichen Rechts, die den Betrieb eines Gewerbes zum Gegenstande hat, ohne Unterschied, ob die Einkünfte als Verzinsung des Kapitalanteils, als Gewinnanteil oder als Entgelt für die Geschäftsleitung gewährt werden.

§ 5.

3. Kapital oder Renten.

Als Einkünfte aus Kapital oder Renten (§ 2 Nr. 3) gelten insbesondere

1. Zinsen und sonstige Erträge von verzinslich angelegtem Kapitale jeder Art sowie von verzinslich gewordenen Zinsen und anderen Ausständen, ferner ein Betrag von 4 vom Hundert von solchen Kapitalien, welche zur Zeit der Veranlagung nicht zinstragend angelegt sind, deren Anlage im Laufe des Steuerjahrs aber zu erwarten ist;
2. Gewinnanteile, Zinsen oder sonstige Bezüge aus Anteilen an Aktiengesellschaften, Gesellschaften mit beschränkter Haftung, eingetragenen Genossenschaften, Berggewerkschaften sowie an dem Grundkapitale von Kommanditgesellschaften auf Aktien, ferner die Bezüge aus der Beteiligung an einem Unternehmen als stiller Gesellschafter;
3. Zinsen und Gewinne, die in unverzinslichen Kapitalforderungen wie Zielforderungen, Wechseln, Schatzscheinen, Anlehenslosen und dergleichen insofern einbegriffen sind, als ein höheres als das ursprünglich hingegebene Kapital zurückgewährt wird. Hierbei sind im Zweifel vier vom Hundert des Nennwerts der ausstehenden Forderungen anzusetzen, soweit dieser Betrag den Jahresbezug nicht übersteigt;
4. Erbrenten, Leibrenten und andere Renten, die auf Kapital beruhen. Bei Leibrenten und anderen Zeitrenten gelten nur die darin einbegriffenen Zinsen, im Zweifel vier vom Hundert, als Einkünfte aus Kapital.

§ 6.

4. Arbeit oder Beruf.

I. Als Einkünfte aus Arbeit oder Beruf sowie aus wiederkehrenden Bezügen oder Vorteilen (§ 2 Nr. 4) gelten insbesondere

1. Bezüge aus einem öffentlichen oder privaten Dienst- oder Arbeitsverhältnis sowie sonstige Bezüge aus Anlaß eines derartigen Verhältnisses;
2. Bezüge aus wissenschaftlicher, künstlerischer, schriftstellerischer, unterrichtender, erziehender oder sonstiger gewinnbringender Tätigkeit;
3. Wartegelder und Pensionen sowie Renten und andere Zuwendungen, die in Beziehung auf ein früheres Arbeits- oder Dienstverhältnis an die Dienstnehmer oder an ihre Hinterbliebenen gewährt werden;
4. andere Renten und wiederkehrende Bezüge, soweit sie nicht nach § 5 steuerbar sind, sowie sonstige dauernde wiederkehrende Zuwendungen, die zur Bestreitung des Unterhalts bestimmt sind, es sei denn, daß sie in Erfüllung einer gesetzlichen Unterhaltspflicht geleistet werden.

II. Zu den Einkünften aus Arbeit oder Beruf gehören insbesondere auch

1. Zuwendungen, die als Gegenleistung für eine dienstliche oder berufliche Tätigkeit eines Beamten, Bediensteten, Angestellten oder Arbeiters von dem Dienstherrn oder Arbeitgeber oder von einem Dritten gewährt werden und herkömmlich einen Bestandteil der Einkommenbezüge bilden, auch wenn sie nicht klagbar sind;
2. Bezüge, die zur Bestreitung eines Aufwandes aus Veranlassung der Tätigkeit in Arbeit oder Beruf gewährt werden, insbesondere Reisekosten, insoweit sie den regelmäßigen wirklichen Aufwand übersteigen. Vergütungen, die für einen dienstlichen Aufwand gewährt und nach den hierfür geltenden öffentlichrechtlichen Be-

stimmungen festgesetzt worden sind, bleiben in jedem Falle außer Betracht;

3. der ortsübliche Mietwert einer Wohnung, die einem Angestellten von dem Dienstgeber überlassen wird, bei öffentlichen Beamten jedoch nur bis zu einem Höchstbetrage von 18 vom Hundert seines Gehalts; die Vergütung für die Überlassung der Wohnung ist in Abzug zu bringen.

§ 7.

Freibleibende Einnahmen.

Als Einkünfte gelten nicht Erbschaften, Vermächtnisse, Schenkungen, Kapitalauszahlungen aus Lebens- und Unfallversicherungen, ferner Einnahmen aus Lotteriegewinnen und aus dem Verkaufe von Vermögensgegenständen oder aus ähnlichen Geschäften, es sei denn, daß diese Einnahmen im Gewerbebetrieb anfallen, sowie andere außerordentliche Einnahmen, die ihrer Natur nach sich nicht als Einkommen, sondern als Vermehrung des Stammvermögens darstellen.

§ 8.

Bei der Berechnung des Einkommens bleiben außer Betracht:

1. Einkünfte aus außerhalb Elsaß-Lothringens gelegenen Grundstücken und Gebäuden sowie aus ebenda betriebenen stehenden Gewerben. Das Einkommen aus den in einem deutschen Bundesstaate gelegenen Grundstücken oder Gebäuden sowie aus einem ebenda betriebenen stehenden Gewerbe ist nach Maßgabe der Angaben der örtlich zuständigen Behörden dem in Elsaß-Lothringen ermittelten Einkommen zuzurechnen.
2. Einkünfte, die nach besonderen gesetzlichen Bestimmungen der Besteuerung als Einkommen entzogen sind.

§ 9.

Grundlagen der Veranlagung.

Als Einkommen ist das Jahreseinkommen zu ermitteln, das der Beitragspflichtige im Kalenderjahre 1913 oder in dem der Veranlagung unmittelbar vorausgegangenen Wirtschaftsjahre gehabt hat, unter Berücksichtigung der abziehbaren Ausgaben (§§ 11 bis 13), die auf diesen Zeitraum entfallen.

§ 10.

Einkommen der Ehefrau.

Dem Einkommen eines Beitragspflichtigen ist das in Elsaß-Lothringen beitragspflichtige Einkommen seiner Ehefrau ohne Rücksicht auf den ehelichen Güterstand zuzurechnen, es sei denn, daß die Ehegatten dauernd getrennt leben.

§ 11.

Abziehbare Ausgaben.

I. Von den Roheinkünften aus den einzelnen Einkommensquellen (§ 2) dürfen die Aufwendungen zu ihrer Erwerbung, Sicherung und Erhaltung (Betriebsausgaben) abgesetzt werden. Als Aufwendungen zur Erwerbung, Sicherung und Erhaltung der Einkünfte gelten auch auf dinglicher Belastung einer Einkommensquelle beruhende Jahresleistungen, soweit die dingliche Belastung zu der Einkommensquelle in wirtschaftlicher Beziehung steht.

II. Von dem Gesamtbetrage der Reineinkünfte (Einkommen) dürfen Schuldzinsen, Renten und dauernde Lasten, die nach den Vorschriften des bürgerlichen Rechts geschuldet sind, vorbehaltlich der Bestimmungen des § 13 abgesetzt werden.

§ 12.

I. Unzulässig ist der Abzug von Aufwendungen oder Ausgaben nach § 11, soweit sie zu Einkünften wirtschaftlich in Beziehung stehen, die bei der Veranlagung außer Betracht zu lassen sind.

II. Im Falle der Beitragspflicht auf Grund des Art. I § 1 Satz 2 dieser Verordnung in Verbindung mit § 10 Abs. II des Gesetzes vom 3. Juli 1913 ist der Abzug von Ausgaben der im § 11 Abs. II dieser Verordnung bezeichneten Art nur insoweit zulässig, als die Ausgaben auf den Einkommensquellen lasten, aus denen die nach Art. I § 1 Satz 2 a.a.O. in Verbindung mit § 10 Abs. II des Gesetzes vom 3. Juli 1913 beitragspflichtigen Einkünfte fließen und zu diesen Quellen wirtschaftlich in Beziehung stehen.

III. Soweit in den Fällen des § 8 dieser Bestimmungen das Einkommen eines Steuerpflichtigen nur teilweise der Steuer unterliegt, ist der Abzug von Ausgaben der in § 11 Abs. II bezeichneten Art nur im Verhältnisse des steuerbaren Einkommens zum Gesamteinkommen zulässig.

§ 13.

Nicht zu den abzugsfähigen Ausgaben und Aufwendungen (§§ 11, 12) gehören insbesondere

1. Aufwendungen zur Verbesserung und Vermehrung des Vermögens, zu Geschäftserweiterungen, zu Kapitalanlagen und zur Schuldentilgung, ferner Vermögensverluste;
2. die direkten Steuern einschließlich der Zuschläge der Gemeinden und der Bezirke;
3. Unterstützungen und sonstige freiwillige Leistungen, soweit sie nicht als Betriebsausgaben (§ 11 Abs. I) anzusehen sind;
4. Aufwendungen in Geld und Geldeswert zur Bestreitung des eigenen Haushalts und des Unterhalts und der Erziehung der Familienangehörigen, sowie Aufwendungen zur Erfüllung einer gesetzlichen Unterhaltspflicht.

Dagegen sind abzugsfähig wiederkehrende Leistungen, die an wirtschaftlich selbständige Familienangehörige nachweislich dauernd bewirkt werden, soweit diese Leistungen anderweit als Einkünfte des Empfängers zu einer Steuer vom Einkommen herangezogen werden.

Als Familienangehörige gelten die Ehefrau und die Verwandten in gerader Linie.

§ 14.

Einkommenserklärung.

I. Die Veranlagung erfolgt auf Grund einer Einkommenserklärung.

II. Zur Abgabe einer Einkommenserklärung sind verpflichtet:

1. die in § 10 des Gesetzes vom 3. Juli 1913 bezeichneten Personen,
   a) die im Jahre 1913 ein Gesamteinkommen von 5 000 ℳ oder mehr bezogen haben, auch wenn sie kein Vermögen besitzen,
   b) die im Jahre 1913 ein Gesamteinkommen von mehr als **4 000** ℳ bezogen haben und ein Vermögen von mehr als 10 000 ℳ haben;
2. alle übrigen in § 10 des Gesetzes vom 3. Juli 1913 bezeichneten Personen, die zur Abgabe einer Einkommenserklärung unter Bestimmung einer angemessenen Frist besonders aufgefordert worden sind.

III. Für Personen, die unter elterlicher Gewalt, unter Vormundschaft oder Pflegschaft stehen, ist die Erklärung durch ihren Vertreter abzugeben. Für Personen, die durch Abwesenheit oder andere Umstände an der Abgabe der Erklärung verhindert sind, kann die Erklärung durch Bevollmächtigte abgegeben werden.

IV. Die näheren Bestimmungen über die Einkommenserklärung trifft das Ministerium. Sofern der Steuerpflichtige nach den Bestimmungen des Gesetzes vom 3. Juli 1913 eine Vermögenserklärung abzugeben hat, ist die Einkommenserklärung in Verbindung mit der Vermögenserklärung abzugeben.

V. Auf die zur Abgabe der Einkommenserklärung verpflichteten Personen sowie auf die Ermittelung ihres Einkommens finden die Vorschriften der §§ 38 bis 41, 43 bis 45 des Gesetzes vom 3. Juli 1913 entsprechende Anwendung.

§ 15.

Auf das Verfahren zur Ermittelung des Einkommens finden im übrigen die Vorschriften über die Ermittelung des Vermögens entsprechende Anwendung.

§ 16.

Zur Berechnung des Wehrbeitrags vom Einkommen wird das nach Maßgabe der vorstehenden Bestimmungen ermittelte Einkommen auf einen durch 100 teilbaren Betrag in Mark nach unten abgerundet. Auf diesen Betrag ist der Hundertsatz der Stufe des Tarifs in § 32 Abs. 2 des Gesetzes vom 3. Juli 1913 anzuwenden, in die der abgerundete Betrag fällt.

Artikel II.

Im Sinne des Gesetzes vom 3. Juli 1913 und der Ausführungsbestimmungen dazu sind Veranlagungsbehörden die Steuerkommissare je für ihren Amtsbezirk, Oberbehörde ist der Direktor der direkten Steuern. Zuständige Behörden.

Hebestellen für die Erhebung des Wehrbeitrags sind die Steuerkassen.

Artikel III.

Die Gemeindebehörden haben bei der Veranlagung des Wehrbeitrags in folgenden Fällen mitzuwirken:

1. Die Bürgermeister haben die öffentlichen Auf-

forderungen zur Abgabe der Vermögenserklärungen in ortsüblicher Weise bekannt zu machen.

2. Die Bürgermeister haben auf Ersuchen der Veranlagungsbehörde ein Verzeichnis der Personen aufzustellen, die nach den §§ 5 ff. der Ausführungsbestimmungen in die Wehrbeitragslisten aufzunehmen sind, oder auf Ersuchen die von den Veranlagungsbehörden aufgestellten Verzeichnisse auf ihre Vollständigkeit hin zu prüfen und nötigenfalls zu vervollständigen.
3. Die Bürgermeister haben auf Ersuchen der Veranlagungsbehörden die Bescheide und sonstigen Verfügungen und Mitteilungen an die Beitragspflichtigen zu übermitteln, für die nicht die Zustellung vorgesehen ist.

Der Direktor der direkten Steuern ist befugt, die Mitwirkung der Gemeinden auch in anderen Fällen in Anspruch zu nehmen.

Die Kosten der Mitwirkung der Gemeinden fallen ihnen zur Last.

Artikel IV.

§ 1.

Rechtsmittel.

Gegen den Veranlagungs- und den Feststellungsbescheid des Steuerkommissars steht dem Beitragspflichtigen das Rechtsmittel des Einspruchs zu.

Der Einspruch ist binnen einer Frist von einem Monat vom Tage der Zustellung des Bescheides ab bei dem Direktor der direkten Steuern einzulegen. Über den Einspruch entscheidet die örtlich zuständige Bezirkskommission für die Veranlagung der Kapitalsteuer (§§ 15 ff. des Gesetzes, betreffend die Kapitalsteuer vom 13. Juli 1901, Gesetzbl. für Elsaß-Lothringen S. 55).

Mit der Entscheidung über den Einspruch ist erforderlichenfalls ein neuer Veranlagungs- oder Feststellungsbescheid zu verbinden.

Die Entscheidung ist mit Gründen zu versehen und dem Beitragspflichtigen zuzustellen. Sie muß außerdem eine Belehrung über das Rechtsmittel der Berufung unter Angabe der Rechtsmittelfrist und der Behörde enthalten, bei der die Berufung einzulegen ist.

§ 2.

Gegen die Entscheidung der Bezirkskommission über den Einspruch steht dem Beitragspflichtigen und dem Vorsitzenden der Kommission binnen einer Ausschlußfrist von einem Monat vom Tage der Zustellung der Entscheidung an den Beitragspflichtigen ab das Rechtsmittel der Berufung zu.

Die Berufung ist bei dem Direktor der direkten Steuern einzulegen. Die Berufung des Vorsitzenden der Kommission ist dem Steuerpflichtigen in Abschrift mitzuteilen.

Die Berufungsschrift soll unter Angabe der Beweismittel die Gründe enthalten, aus denen die Entscheidung angefochten wird.

§ 3.

Über die Berufung entscheidet die Berufungskommission für die Kapitalsteuer (§ 24 des Gesetzes vom 13. Juli 1901).

§ 4.

Für das Verfahren vor den Bezirkskommissionen und vor der Berufungskommission sind die für das Verfahren vor diesen Kommissionen in Landessteuersachen erlassenen Vorschriften maßgebend, soweit nicht von dem Ministerium besondere Vorschriften erlassen werden.

§ 5.

Kosten der Rechtsmittel.

1. Die im Verfahren über einen Einspruch oder über eine Berufung erwachsenen baren Auslagen und

sonstige Kosten können dem Beitragspflichtigen, auch in Form einer Bauschsumme, ganz oder teilweise auferlegt werden, sofern er vollständig oder teilweise unterlegen ist oder sofern er nur auf Grund eines neuen Vorbringens obgesiegt hat, das er schon früher geltend zu machen imstande war.

II. Kosten, die dem Beitragspflichtigen durch Wahrnehmung seiner Rechte bei der Veranlagung oder durch die Einlegung und Begründung eines Rechtsmittels erwachsen, sind in jedem Falle von ihm zu tragen.

Artikel V.

Verwaltungsstrafverfahren.

Hinsichtlich des Verwaltungsstrafverfahrens, der Strafmilderung und des Erlasses der Strafe im Gnadenwege sowie hinsichtlich der Strafvollstreckung und der Verjährung der Strafverfolgung kommt das Gesetz, betreffend das Verwaltungsstrafverfahren in Zoll- und Steuersachen, vom 24. Juli 1907 (Gesetzbl. für Elsaß-Lothringen S. 80) in Anwendung mit der Maßgabe, daß an die Stelle der Hauptzollämter der Direktor der direkten Steuern tritt. Insoweit gegen Entscheidungen oder Verfügungen Beschwerde zulässig ist, ist für die Entscheidung über die Beschwerde das Ministerium zuständig.

Artikel VI.

Vollzugsbestimmungen.

Die Verordnung tritt mit dem Tage der Verkündung in Kraft.

Die zum Vollzuge der Vorschriften über den Wehrbeitrag erforderlichen Bestimmungen erläßt das Ministerium. [1])

---

[1]) Vollzugsbestimmungen des Ministeriums zum Wehrbeitragsgesetz, vom 30. Dezember 1913 (Zentral- und Bezirks-Amtsbl. 1914 S. 3). Die Vollzugsbestimmungen enthalten 2 Teile: I. Teil zu den Ausführungsbestimmungen des Bundesrats, II. Teil zu der Verordnung des Statthalters vom 24. Dezember 1913.

Gesetz,
betreffend
die Ermittelung von Vermögen und Einkommen aus Anlaß der Veranlagung des Wehrbeitrags. Vom 2. März 1914.
(Gesetzbl. S. 15.)

---

§ 1.

Gleichzeitig mit der Veranlagung des einmaligen außerordentlichen Wehrbeitrags auf Grund des Gesetzes vom 3. Juli 1913 (Reichs-Gesetzbl. S. 505) ist das Vermögen und das Einkommen der nachbezeichneten Gesellschaften zu ermitteln,[1]) auch soweit es dem Wehrbeitrag nicht unterliegt.

1. Aktiengesellschaften;
2. Kommanditgesellschaften auf Aktien;
3. Berggewerkschaften;
4. Gesellschaften mit beschränkter Haftung.

Vermögen unter 10 000 *M* und Einkommen unter 2 000 *M* bleiben von der Ermittelung frei.

§ 2.

Gegenstand der Ermittelung ist bei den in § 1 bezeichneten Gesellschaften:

1. sofern sie ihren Sitz in Elsaß-Lothringen haben, ihr gesamtes Vermögen und Einkommen, mit Ausnahme des außerhalb Elsaß-Lothringens befindlichen Grundvermögens (§ 2 Nr. 1, § 3 des Reichsgesetzes

---

[1]) Zweck der Ermittelung ist die Gewinnung von Unterlagen für eine einzuführende Landes-Einkommensteuer und g. F. Vermögensteuer.

vom 3. Juli 1913) und Betriebsvermögens (§ 2 Nr. 2, § 4 a. a. O.) sowie des Einkommens aus diesem Vermögen und aus ihrer Erwerbstätigkeit außerhalb Elsaß-Lothringens,

2. ohne Rücksicht darauf, ob sie in Elsaß-Lothringen ihren Sitz haben, das in Elsaß-Lothringen belegene Grundvermögen und Betriebsvermögen und das Einkommen aus diesem Vermögen und aus ihrer Erwerbstätigkeit in Elsaß-Lothringen.

§ 3.

Auf die Ermittelung des Vermögens und des Einkommens finden, soweit die Vorschriften der §§ 1 und 2 nicht ein anderes ergeben, die Vorschriften des Reichsgesetzes vom 3. Juli 1913 sowie die zu seiner Ausführung erlassenen Bestimmungen [1]) entsprechende Anwendung.

Wer als Vertreter einer der in § 1 bezeichneten Personen der Veranlagungsbehörde wissentlich unrichtige oder unvollständige Angaben macht, die geeignet sind, eine unrichtige Einschätzung des Vermögens oder des Einkommens zu veranlassen, wird mit einer Ordnungsstrafe bis zu fünfhundert Mark bestraft.

§ 4.

Die Ausführungsbestimmungen trifft das Ministerium. [2])

Dieses Gesetz tritt sofort mit der Verkündung in Kraft.

---

[1]) Ausführungsbestimmungen des Bundesrats vom 6. November 1913 (Zentralbl. für das Deutsche Reich S. 1087), Verordnung des Statthalters vom 24. Dezember 1913 (s. S. 33) und Vollzugsbestimmungen des Ministeriums vom 30. Dezember 1913 (vgl. S. 46 Anm. 1).

[2]) Ausführungsbestimmungen vom 9. März 1914 (Zentral- und Bezirks-Amtsbl. S. 60).

Gesetz,
betreffend
die Feststellung des Landeshaushalts-Etats von Elsaß-Lothringen für das Rechnungsjahr 1916. Vom 7. Juni 1916.
(Gesetzbl. S. 12.)

§ 2.[1])

Hinsichtlich der Erhebung der direkten Steuern wird für das Rechnungsjahr 1916 folgendes bestimmt:

1. Der Steuersatz der Grundsteuer[2]) und der Kapitalsteuer[3]) wird auf 4 v. H., der der Lohn- und Besoldungssteuer[4]) und der Gewerbesteuer[5]) auf 2 v. H. erhöht.[6])
2. Bei der Kapitalsteuer, der Lohn- und Besoldungssteuer und der Gewerbesteuer wird die Staffelung[7]) in der Weise geändert,

[1]) Der § 2 des Etatsgesetzes für 1916 unterscheidet sich in der Form wesentlich von den entsprechenden Bestimmungen aller früheren Etatsgesetze (vgl. darüber S. 21 Anm. 2).

[2]) Die Grundsteuer wurde bis 1902 als Repartitionssteuer (kontingentierte Steuer) auf Grund einer veralteten Einschätzung erhoben und belief sich damals auf durchschnittlich etwa 5 v. H. des Reinertrags. Seit 1903 war sie, nachdem in den Jahren 1896 bis 1902 eine Neueinschätzung der Reinerträge durchgeführt worden ist, auf 3,5 v. H. des Reinertrags festgesetzt (vgl. § 2 des Verwendungsgesetzes vom 13. Juli 1901 — Roth S. 15, 115).

[3]) Bisher 3,5 v. H. (§ 9 des Kapitalsteuergesetzes vom 13. Juli 1901).

[4]) Bisher 1,9 v. H. (§ 6 des Lohn- und Besoldungssteuergesetzes vom 13. Juli 1901).

[5]) Bisher 1,9 v. H. (§ 7 des Gewerbesteuergesetzes vom 8. Juni 1896).

[6]) Nur der Steuersatz der Gebäudesteuer ist unverändert geblieben. Er beträgt nach Artikel I, IV des Gesetzes vom 17. Juli 1907 (Roth S. 34) seit 1909 3,5 v. H. und 1,9 v. H. für Dienstwohnungen, nachdem er bis dahin seit 1903 gemäß § 3 des Verwendungsgesetzes vom 13. Juli 1901 (Roth S. 115) 4 v. H. und 2,2 v. H. für Dienstwohnungen, ursprünglich aber seit 1896 gemäß § 4 des Gebäudesteuergesetzes vom 14. Juli 1895 Roth S. 19) 4,5 und 2,5 v. H. betragen hatte.

[7]) Die gestaffelten Tarife für die Kapital-, Lohn- und Besoldungs- und Gewerbesteuer sind nach den Gesetzen, durch die sie eingeführt wurden,

daß der Hundertsatz, zu dem der Mittelbetrag der Stufe der Steuer unterliegt,

bei der Kapitalsteuer in Stufe 15 auf 105 gebracht und danach in jeder drittfolgenden Stufe um je 5 weiter bis auf 135, und von Stufe 37 an auf 140 erhöht wird,

bei der Lohn- und Besoldungssteuer in Stufe 15 auf 60 gebracht und danach in jeder folgenden Stufe um je 10 weiter bis auf 250 erhöht wird, [1])

bei der Gewerbesteuer in Stufe 19 auf 105 gebracht und danach in jeder folgenden Stufe um je 5 weiter bis auf 150 erhöht wird.

3. Der Steuersatz der Steuer der Toten Hand wird hinsichtlich der Grundstücke und Gebäude auf 120 v. H. der Grundsteuer und 80 v. H. der Gebäudesteuer erhöht. [2])

---

rein degressiv aufgebaut. Der gesetzliche Steuersatz von 3,5 oder 1,9 v. H. kommt erst von einer bestimmten Stufe an — 4000 ℳ bei der Kapitalsteuer, 20000 ℳ bei der Lohn- und Besoldungs- und der Gewerbesteuer — zur Erhebung, in den niedrigeren Stufen dagegen nur zu einem Bruchteile. Nach dem Etatsgesetz für 1916 findet neben der Degression auch eine Progression statt. Der gesetzliche, von 3,5 auf 4 v. H. und von 1 9 auf 2 v. H. erhöhte Steuersatz gilt bei der Kapitalsteuer nur noch für drei, bei der Lohn- und Besoldungssteuer nur noch für eine und bei der Gewerbesteuer nur noch für zwei Stufen. In den höheren Stufen findet eine weitere Staffelung statt, die im Ergebnisse den Steuersatz bei der Kapitalsteuer von 100000 ℳ an auf 5,6 v. H., bei der Lohn- und Besoldungssteuer von 80000 ℳ an auf 5 v. H. und bei der Gewerbesteuer von 100000 ℳ an auf 3 v. H. bringt. (Vgl. die Tarife S. 60 ff. und die Ausführungen S. 65.)

[1]) Während bei der Kapital- und der Gewerbesteuer die von der Degression betroffenen Stufen, abgesehen von der Erhöhung des Steuersatzes unverändert gelassen worden sind, tritt bei der Lohn- und Besoldungssteuer schon von Stufe 15 (5000—6000 ℳ) an eine stärkere Staffelung in der Weise ein, daß der volle Steuersatz von 2 v. H. (100 v. H. des Mittelbetrags) nicht erst bei 20000 ℳ, sondern schon bei 10000 ℳ erreicht wird (vgl. die Tarife S. 60 ff.).

[2]) Bisher gemäß § 3 des Gesetzes vom 8. November 1909 90 und 40 v. H. (s. S. 4).

4. Es wird ein Zuschlag für allgemeine Staatszwecke in Höhe von 12 v. H. vom Grundbetrage der direkten Steuern erhoben. [1])
5. Der zur Deckung der Ausfälle zu erhebende Zuschlag wird einheitlich für alle den Bezirks- und Gemeindezuschlägen unterliegenden Steuern auf 5. v. H. des in den Rollen zum Ansatze gebrachten Steuerbetrags festgesetzt. [2])
6. Zu Unterstützungen aus Anlaß von Naturereignissen und Unfällen (Landwirtschaftlicher Hilfsfonds) wird ein Zuschlag in Höhe von 1 v. H. vom Grundbetrage der Grundsteuer und von 0,5 v. H. vom Grundbetrage der Gebäudesteuer erhoben.[3])

---

[1]) Vgl. Anm. 3 zum Etatsgesetz vom 13. Mai 1910 (s. S. 21).

[2]) Der Zuschlag für den Ausfallsfonds betrug schon seither 5 v. H. bei der Lohn- und Besoldungssteuer, der Gewerbesteuer und der Flächenabgabe der Bergwerke (§ 28 des Lohn- und Besoldungssteuergesetzes, § 39 des Gewerbesteuergesetzes, § 2 Abs. 1 des Bergwerkssteuergesetzes). Er betrug 2 v. H. bei der Kapitalsteuer (§ 34 des Kapitalsteuergesetzes). Bei der Gebäudesteuer war der Zuschlag nach § 12 des Gebäudesteuergesetzes vom 14. Juli 1895 für 1896 auf 2 v. H. festgesetzt und sollte für die folgenden Jahre durch das Etatsgesetz bestimmt werden. Er hat seither stets 2 v. H. betragen. Für die Grundsteuer wurde der Zuschlag durch Artikel 17 des Gesetzes vom 13. Mai 1863 (Möllersche Sammlung Bd. II S. 898) vom Jahre 1864 an auf 0,8 v. H. festgesetzt, wobei es seither geblieben war. Vgl. im übrigen S. 64 unter 4.

[3]) Der Zuschlag für den landwirtschaftlichen Hilfsfonds (vgl. Artikel 29 des Gesetzes vom 31. Juli 1821 — Möllersche Sammlung Bd. II S. 411) wurde früher von der Grundsteuer und der Personal-Mobiliarsteuer (bis 1902) in Höhe von je 1 v. H. erhoben. Bei Einführung der Gebäudesteuer (1896), die etwa je zur Hälfte an die Stelle der Grundsteuer von den Gebäuden und der Tür- und Fenstersteuer trat, ging er mit 0,5 v. H. auf die Gebäudesteuer über.

Gesetz,

betreffend

die Erhebung von Abgaben behufs Deckung der Ausgaben der Handelskammern. Vom 29. März 1897.

(Gesetzbl. S. 33, 39.)

§ 1.

Für die Ausgaben der Handelskammern werden besondere Abgaben erhoben. Diese Abgaben werden auf Antrag der Kammern durch das Ministerium festgesetzt.

§ 2.

Die Abgaben haben aufzubringen:

1. diejenigen Kaufleute, die als Inhaber einer Firma in einem der für den Bezirk der Handelskammer geführten Handelsregister eingetragen sind,
2. diejenigen Gesellschaften, die in einem der Handels- oder Genossenschaftsregister des Handelskammerbezirkes eingetragen sind,
3. die im Bezirk der Handelskammer den Bergbau treibenden Alleineigentümer oder Pächter eines Bergwerks, Gewerkschaften oder in anderer Form organisierten Gesellschaften, auch wenn sie nicht im Handels- oder Genossenschaftsregister eingetragen sind,

soweit dieselben nach Maßgabe des Gewerbesteuergesetzes vom 8. Juni 1896 mit einer Ertragsfähigkeit von mindestens 6000 Mark zur Gewerbesteuer herangezogen sind, oder der verhältnismäßigen Bergwerksabgabe nach Maßgabe des Gesetzes vom 16. Dezember 1873 [1]) unterliegen.

Die Verteilung unter die Abgabenpflichtigen erfolgt nach dem Maßstabe der Gewerbesteuer oder der verhältnismäßigen Bergwerksabgabe, [1]) welche von ihnen für die im Bezirk der Handelskammer gelegenen Betriebe als Staatssteuer zu entrichten ist.

§ 3.

Die Erhebung und Beitreibung erfolgt auf Grund der von dem Direktor der direkten Steuern festgesetzten Heberolle nach den für die Gewerbesteuer maßgebenden Vorschriften.

§ 4.

Zur Deckung der Ausfälle wird ein Zuschlag von fünf vom Hundert des Abgabenansatzes erhoben. Hierzu tritt noch ein Zuschlag von drei vom Hundert zur Deckung der Erhebungskosten.

§ 5.

Dieses Gesetz tritt am 1. April 1897 in Kraft. Die seitherigen Bestimmungen über die Erhebung von Abgaben für die Handelskammern werden aufgehoben. [2])

---

[1]) Das Gesetz vom 16. Dezember 1873 ist durch § 5 des Gesetzes vom 14. Juli 1908 (Roth S. 75) aufgehoben worden. Seit 1909 unterliegen die Bergwerksbesitzer der Handelskammerabgabe nach Maßgabe der Gewerbesteuerveranlagung (§ 1 des Bergwerkssteuergesetzes).

[2]) Ausführungsbestimmungen des Ministeriums vom 31. Juli 1898 (Zentral- und Bezirks-Amtsbl. S. 175).

Gewerbeordnung
für das Deutsche Reich.
In der Fassung vom 26. Juli 1900.

(Reichs-Gesetzbl. S. 871.)

§ 103 l.

Die aus der Errichtung und Tätigkeit der Handwerkskammern erwachsenden Kosten werden, soweit sie nicht anderweit Deckung finden, von den Gemeinden des Handwerkskammerbezirkes nach näherer Bestimmung der höheren Verwaltungsbehörde getragen.[1] Die Gemeinden sind ermächtigt, die auf sie entfallenden Anteile nach einem von der höheren Verwaltungsbehörde[1] zu bestimmenden Verteilungsmaßstab auf die einzelnen Handwerksbetriebe umzulegen.[1] Werden Veranstaltungen der im § 103 e Abs. 3 bezeichneten Art für einzelne Gewerbszweige getroffen, so können die hieraus entstehenden Kostenanteile von den Gemeinden nur auf solche Betriebe umgelegt werden, welche diesen Gewerbszweigen angehören.

Die Landes-Zentralbehörde kann bestimmen, daß die Kosten der Handwerkskammer von weiteren Kommunalverbänden statt von den Gemeinden aufgebracht werden.[2] — —

---

[1]) Die Verordnung des Ministeriums betreffend die Kosten der Handwerkskammer für Elsaß-Lothringen vom 12. Februar 1911 (Zentral- und Bezirks-Amtsbl. S. 31) bestimmt die Verteilung der Kosten auf die Gemeinden nach Maßgabe der Veranlagung der Handwerksbetriebe zur Gewerbesteuer und das Verfahren hierbei, sowie g. F. bei der Umlegung auf die einzelnen Handwerksbetriebe. Betriebe mit einer Ertragsfähigkeit von nicht mehr als 700 ℳ werden dabei nicht berücksichtigt. Für Betriebe mit 700—1000 ℳ Ertragsfähigkeit wird 1 Beitragseinheit angesetzt, für Betriebe mit 1000—2000 ℳ 2 Beitragseinheiten, mit 2000—3000 ℳ 3, mit 3000—5000 ℳ 4, mit 5000—7000 ℳ 5, mit 7000—10000 ℳ 6, mit 10000—15000 ℳ 8 und mit mehrmals 15000 ℳ 10 Beitragseinheiten.

[2]) Für Elsaß-Lothringen ist dies nicht bestimmt worden.

Bei der Umlegung der Kosten kann bestimmt werden, daß Personen, welche der Regel nach weder Gesellen noch Lehrlinge halten, von der Verpflichtung zur Zahlung von Beiträgen befreit sind.

Ausführungsgesetz

zur Reichsversicherungsordnung. Vom 5. August 1912.

(Gesetzbl. S. 96.)

II. Landwirtschaftliche Unfallversicherung.

§ 3.

Die gemäß § 989 der Reichsversicherungsordnung [1]) von den Mitgliedern der Berufsgenossenschaften aufzubringenden Beiträge sind vorbehaltlich der besonderen Bestimmungen im § 4 [2]) nach den nachstehenden Grundsätzen umzulegen und zu erheben:

1. Der Vorstand der Berufsgenossenschaft ermittelt nach dem Kataster für jede Gemeinde seines Bezirks die Gesamtflächen der einzelnen Kulturarten der Gemeindegemarkung.

   Unberücksichtigt bleiben die im Eigen-

---

[1]) Reichsversicherungsordnung vom 19. Juli 1911 (Reichs-Gesetzbl. S. 509). Der § 989 lautet: Die Berufsgenossenschaften haben die Mittel für ihre Aufwendungen durch Mitgliederbeiträge aufzubringen, die den Bedarf des abgelaufenen Geschäftsjahrs decken.

[2]) Der § 4 bezieht sich auf besondere Arten von Beiträgen, die in einem besonderen Verfahren umgelegt werden.

tume des Reichs oder des Landes stehenden Grundflächen, soweit Reich oder Land dafür Versicherungsträger sind.

2. Die Genossenschaftsversammlung stellt für jede Kulturart unter tunlichster Berücksichtigung der Bodenbeschaffenheit die Zahl der Arbeitstage fest, die bei ausschließlicher Verwendung männlicher Arbeitskraft für die Bewirtschaftung eines Hektars erforderlich ist (Einheitszahlen).
3. Wird durch die Satzung die Berücksichtigung der Unfallgefahr bei der Umlegung der Beiträge vorgeschrieben, so sind Gefahrenklassen zu bilden und die Kulturarten zu den Gefahrenklassen zu veranlagen.
4. Unter Berücksichtigung der Einheitszahlen, des Ortslohns und gegebenenfalls der Gefahrenklassen setzt der Genossenschaftsvorstand für jede Gemeinde den Betrag an Beiträgen fest, der von der Gesamtheit der Genossenschaftsmitglieder, soweit deren Grundflächen nach Ziffer 1 berücksichtigt sind, an die Berufsgenossenschaft zu leisten ist (Heberolle).
5. Dieser für die Gemeinde festgestellte Gesamtbeitrag wird, soweit er nicht aus den Jagdpachtgeldern gedeckt wird, nach Maßgabe des Grundsteuerreinertrags auf die sämtlichen Grundsteuerpflichtigen der Gemeinde verteilt.

Die Veranlagung und Erhebung erfolgt in der gleichen Weise wie die der Gemeindezuschläge zur Grundsteuer und unter entsprechender Anwendung der hierfür geltenden Bestimmungen.

Unberücksichtigt bleiben landwirtschaftliche Betriebe, die auf Grund des § 540 Ziffer 1 und des § 542 der Reichsversicherungsordnung einer gewerblichen Berufsgenossenschaft zugeteilt sind.

§ 5[1]).

Auszug aus der von dem Genossenschaftsvorstande nach Maßgabe des § 3 festgesetzten Heberolle ist dem Bürgermeister der Gemeinde mitzuteilen. Dieser hat ihn zwei Wochen lang zur Einsicht und zur Abgabe etwaiger Einwände der Beteiligten auszulegen und den Beginn der Frist auf ortsübliche Weise bekannt zu machen. Einspruch gegen die Heberolle und die ihr zugrunde liegende Veranlagung und Abschätzung kann vom Bürgermeister bei dem Genossenschaftsvorstande nur auf Grund eines Beschlusses des Gemeinderats erhoben werden. Die Frist hierzu beträgt einen Monat vom Tage des Ablaufs der Auslegungsfrist an.

§ 6.

Gegen den Bescheid des Genossenschaftsvorstandes kann binnen zwei Wochen nach seiner Zustellung Beschwerde an das Oberversicherungsamt gerichtet werden.

§ 7.[1])

Durch das Verfahren über den Einspruch wird die Verpflichtung zur vorläufigen Zahlung des nach der Heberolle zu entrichtenden Betrags nicht berührt.

§ 8.

Einwendungen gegen die Festsetzung des Zuschlags zur Grundsteuer sind nicht zulässig.

---

[1]) Ein zweiter Absatz des § bezieht sich auf Fälle des § 4 (vgl. S. 55 Anm. 2).

§ 9.

Ist der nach § 3 Zahlungspflichtige nicht zugleich der Unternehmer, so hat dieser den Beitrag zu erstatten.

Bei Streit über die Erstattung entscheidet das Versicherungsamt, in dessen Bezirk der versicherungspflichtige Betrieb seinen Sitz hat. Auf Beschwerde entscheidet das Oberversicherungsamt endgültig.

§ 10.

Die zur Ausführung dieses Gesetzes erforderlichen Bestimmungen werden vom Ministerium erlassen.[1])

§ 11.

Soweit durch dieses Gesetz Änderungen in den Vorschriften der Reichsversicherungsordnung nicht erfolgen, bewendet es bei den Vorschriften des Reichsgesetzes.

§ 12.

Die Vorschriften dieses Gesetzes treten gleichzeitig mit den entsprechenden Vorschriften der Reichsversicherungsordnung in Kraft.[2])

---

[1]) Ausführungsanweisung zur Reichsversicherungsordnung, vom 1. Mai 1913 (Zentral- und Bezirks-Amtsbl. S. 217) §§ 63 und 64 (s. a. S. 68 unter 2).

[2]) Nach Artikel 3 der Kaiserl. Verordnung vom 5. Juli 1912 (Reichs-Gesetzbl. S. 439) sind die Vorschriften des Dritten Buches (Unfallversicherung) am 1. Januar 1913 in Kraft getreten.

Berechneter Kapitalsteuer-Tarif
nach den Sätzen des Etatsgesetzes für 1916.

Stufe	Ertrag ℳ	Mittelbetrag ℳ	Vom Mittelbetrag unterliegen der Steuer v. H.	= ℳ	Steuerbetrag bei 4 % ℳ
1	100— 200	150	40	60	2,40
2	200— 400	300	"	120	4,80
3	400— 600	500	50	250	10,—
4	600— 800	700	"	350	14,—
5	800— 1000	900	60	540	21,60
6	1000— 1300	1150	"	690	27,60
7	1300— 1600	1450	70	1015	40,60
8	1600— 2000	1800	"	1260	50,40
9	2000— 2500	2250	80	1800	72,—
10	2500— 3000	2750	"	2200	88,—
11	3000— 3500	3250	90	2925	117,—
12	3500— 4000	3750	"	3375	135,—
13	4000— 5000	4500	100	4500	180,—
14	5000— 6000	5500	"	5500	220,—
15	6000— 7000	6500	105	6825	273,—
16	7000— 8000	7500	"	7875	315,—
17	8000— 10000	9000	"	9450	378,—
18	10000— 12000	11000	110	12100	484,—
19	12000— 15000	13500	"	14850	594,—
20	15000— 20000	17500	"	19250	770,—
21	20000— 25000	22500	115	25875	1035,—
22	25000— 30000	27500	"	31625	1265,—
23	30000— 35000	32500	"	37365	1495,—
24	35000— 40000	37500	120	45000	1800,—
25	40000— 45000	42500	"	51000	2040,—
26	45000— 50000	47500	"	57000	2280,—
27	50000— 55000	52500	125	65625	2625,—
28	55000— 60000	57500	"	71875	2875,—
29	60000— 65000	62500	"	78125	3125,—
30	65000— 70000	67500	130	87750	3510,—
31	70000— 75000	72500	"	94250	3770,—
32	75000— 80000	77500	"	100750	4030,—
33	80000— 85000	82500	135	111375	4455,—
34	85000— 90000	87500	"	118125	4725,—
35	90000— 95000	92500	"	124875	4995,—
36	95000—100000	97500	"	131625	5265,—
37	100000—105000	102500	140	143500	5740,—
38	105000—110000	107500	"	150500	6020,—
	Jede weitere Stufe steigt um 5000 ℳ			Jede weitere Stufe steigt um 7000 ℳ	Jede weitere Stufe steigt um 280 ℳ

Berechneter Kapitalsteuer-Tarif

nach den bisherigen Sätzen und nach den Sätzen des Etatsgesetzes für 1916.

Stufe	Ertrag ℳ	Mittelbetrag ℳ	bisher der Steuer unterliegen v. H.	bisher Steuerbetrag bei 3,5 % ℳ	für 1916 der Steuer unterliegen v. H.	für 1916 Steuerbetrag bei 4 % ℳ
1	100— 200	150	40	2,10	40	2,40
2	200— 400	300	〃	4,20	〃	4,80
3	400— 600	500	50	8,75	50	10,—
4	600— 800	700	〃	12,25	〃	14,—
5	800— 1000	900	60	18,90	60	21,60
6	1000— 1300	1150	〃	24,15	〃	27,60
7	1300— 1600	1450	70	35,52	70	40,60
8	1600— 2000	1800	〃	44,10	〃	50,40
9	2000— 2500	2250	80	63,—	80	72,—
10	2500— 3000	2750	〃	77,—	〃	88,—
11	3000— 3500	3250	90	102,37	90	117,—
12	3500— 4000	3750	〃	118,12	〃	135,—
13	4000— 5000	4500	100	157,50	100	180,—
14	5000— 6000	5500	〃	192,50	〃	220,—
15	6000— 7000	6500	〃	227,50	105	273,—
16	7000— 8000	7500	〃	262,50	〃	315,—
17	8000— 10000	9000	〃	315,—	〃	378,—
18	10000— 12000	11000	〃	385,—	110	484,—
19	12000— 15000	13500	〃	472,50	〃	594,—
20	15000— 20000	17500	〃	612,50	〃	770,—
21	20000— 25000	22500	〃	787,50	115	1035,—
22	25000— 30000	27500	〃	962,50	〃	1265,—
23	30000— 35000	32500	〃	1137,50	〃	1495,—
24	35000— 40000	37500	〃	1312,50	120	1800,—
25	40000— 45000	42500	〃	1487,50	〃	2040,—
26	45000— 50000	47500	〃	1662,50	〃	2280,—
27	50000— 55000	52500	〃	1837,50	125	2625,—
28	55000— 60000	57500	〃	2012,50	〃	2875,—
29	60000— 65000	62500	〃	2187,50	〃	3125,—
30	65000— 70000	67500	〃	2362,50	130	3510,—
31	70000— 75000	72500	〃	2537,50	〃	3770,—
32	75000— 80000	77500	〃	2712,50	〃	4030,—
33	80000— 85000	82500	〃	2887,50	135	4455,—
34	85000— 90000	87500	〃	3062,50	〃	4725,—
35	90000— 95000	92500	〃	3237,50	〃	4995,—
36	95000—100000	97500	〃	3412,50	〃	5265,—
37	100000—105000	102500	〃	3587,50	140	5740,—
38	105000—110000	107500	〃	3762,50	〃	6020,—
	Jede weitere Stufe steigt um 5000 ℳ			Jede weitere Stufe steigt um 175 ℳ		Jede weitere Stufe steigt um 280 ℳ

nach den bisherigen Sätzen und nach den Sätzen des Etatsgesetzes für 1916.

Stufe	Ertrag ℳ	Mittelbetrag ℳ	bisher: der Steuer unterliegen v. H.	bisher: Steuerbetrag bei 1,9 % ℳ	für 1916: der Steuer unterliegen v. H.	für 1916: Steuerbetrag bei 2 % ℳ
1	unter 500	250	10	0,47	10	0,50
2	500— 600	550	"	1,04	"	1,10
3	600— 700	650	"	1,23	"	1,30
4	700— 800	750	15	2,14	15	2,25
5	800— 900	850	"	2,42	"	2,55
6	900— 1000	950	20	3,61	20	3,80
7	1000— 1300	1150	"	4,37	"	4,60
8	1300— 1600	1450	25	6,89	25	7,25
9	1600— 2000	1800	"	8,55	"	9,—
10	2000— 2500	2250	30	12,82	30	13,50
11	2500— 3000	2750	35	18,29	35	19,25
12	3000— 3500	3250	40	24,70	40	26,—
13	3500— 4000	3750	45	32,06	45	33,75
14	4000— 5000	4500	50	42,75	50	45,—
15	5000— 6000	5500	55	57,47	60	66,—
16	6000— 7000	6500	60	74,10	70	91,—
17	7000— 8000	7500	70	99,75	80	120,—
18	8000— 10000	9000	80	136,80	90	162,—
19	10000— 12000	11000	90	188,10	100	220,—
20	12000— 15000	13500	95	243,67	110	297,—
21	15000— 20000	17500	"	315,87	120	420,—
22	20000— 25000	22500	100	427,50	130	585,—
23	25000— 30000	27500	"	522,50	140	770,—
24	30000— 35000	32500	"	617,50	150	975,—
25	35000— 40000	37500	"	712,50	160	1200,—
26	40000— 45000	42500	"	807,50	170	1445,—
27	45000— 50000	47500	"	902,50	180	1710,—
28	50000— 55000	52500	"	997,50	190	1995,—
29	55000— 60000	57500	"	1092,50	200	2300,—
30	60000— 65000	62500	"	1187,50	210	2625,—
31	65000— 70000	67500	"	1282,50	220	2970,—
32	70000— 75000	72500	"	1377,50	230	3335,—
33	75000— 80000	77500	"	1472,50	240	3720,—
34	80000— 85000	82500	"	1567,50	250	4125,—
35	85000— 90000	87500	"	1662,50	"	4375,—
36	90000— 95000	92500	"	1757,50	"	4625,—
37	95000—100000	97500	"	1852,50	"	4875,—
38	100000—105000	102500	"	1947,50	"	5125,—
	Jede weitere Stufe steigt um 5000 ℳ			Jede weitere Stufe steigt um 95 ℳ		Jede weitere Stufe steigt um 250 ℳ

Berechneter Gewerbesteuer-Tarif
nach den bisherigen Sätzen und nach den Sätzen des Etatsgesetzes für 1916.

Stufe	Ertragsfähigkeit ℳ	Mittelbetrag ℳ	bisher: der Steuer unterliegen v. H.	bisher: Steuerbetrag bei 1,9 % ℳ	für 1916: der Steuer unterliegen v. H.	für 1916: Steuerbetrag bei 2 % ℳ
1	unter 500	250	20	0,95	20	1,—
2	500— 700	600	25	2,85	25	3,—
2a	700— 1000	850	30	4,84	30	5,10
3	1000— 1500	1250	50	11,87	50	12,50
4	1500— 2000	1750	55	18,29	55	19,25
5	2000— 2500	2250	60	25,65	60	27,—
6	2500— 3000	2750	65	33,96	65	35,75
7	3000— 4000	3500	70	46,55	70	49,—
8	4000— 5000	4500	75	64,12	75	67,50
9	5000— 6000	5500	"	78,37	"	82,50
10	6000— 7000	6500	"	92,62	"	97,50
11	7000— 8000	7500	"	106,87	"	112,50
12	8000— 10000	9000	"	128,25	"	135,—
13	10000— 12500	11250	80	171,—	80	180,—
14	12500— 15000	13750	90	235,12	90	247,50
15	15000— 17500	16250	"	277,87	"	292,50
16	17500— 20000	18750	"	320,62	"	337,50
17	20000— 25000	22500	100	427,50	100	450,—
18	25000— 30000	27500	"	522,50	"	550,—
19	30000— 35000	32500	"	617,50	105	682,50
20	35000— 40000	37500	"	712,50	110	825,—
21	40000— 45000	42500	"	807,50	115	977,50
22	45000— 50000	47500	"	902,50	120	1140,—
23	50000— 60000	55000	"	1045,—	125	1375,—
24	60000— 70000	65000	"	1235,—	130	1690,—
25	70000— 80000	75000	"	1425,—	135	2025,—
26	80000— 90000	85000	"	1615,—	140	2380,—
27	90000—100000	95000	"	1805,—	145	2755,—
28	100000—110000	105000	"	1995,—	150	3150,—
29	110000—120000	115000	"	2185,—	"	3450,—
30	120000—130000	125000	"	2375,—	"	3750,—
31	130000—140000	135000	"	2565,—	"	4050,—
32	140000—150000	145000	"	2755,—	"	4350,—
33	150000—160000	155000	"	2945,—	"	4650,—
34	160000—170000	165000	"	3135,—	"	4950,—
35	170000—180000	175000	"	3325,—	"	5250,—
36	180000—190000	185000	"	3515,—	"	5550,—
37	190000—200000	195000	"	3705,—	"	5850,—
38	200000—210000	205000	"	3895,—	"	6150,—
	Jede weitere Stufe steigt um 10000 ℳ			Jede weitere Stufe steigt um 190 ℳ		Jede weitere Stufe steigt um 300 ℳ.

Bemerkungen über die Steuerzuschläge sowie über Steuerrollen und Steuerzettel.

Neben den nach den Gesetzen und Tarifen geschuldeten Staatssteuern (Steuergrundbeträge) kommen eine Reihe von Zuschlägen zur Erhebung.

1. Zuschläge für allgemeine Staatszwecke. Über sie ist auf § 2 Nr. 4 des Etatsgesetzes für 1916 (s. S. 49) und auf das S. 21 Anm. 3 Gesagte zu verweisen. Sie betragen zur Zeit 12 v. H. des Steuergrundbetrags und werden von allen direkten Staatssteuern erhoben, d. h. nicht nur von den Hauptsteuern (Grund-, Gebäude-, Kapital-, Lohn- und Besoldungs- und Gewerbesteuer) sondern auch von den Nebensteuern (Wandergewerbe-, Bergwerkssteuer, Steuer der Toten Hand).

2. Bezirkszuschläge. Sie sind laut § 8 des Verwendungsgesetzes vom 13. Juli 1901 (Roth, 3. Aufl. S. 115) zu einem für alle direkten Steuern einschließlich der Bergwerkssteuern gleichen Satze zu erheben. In dieser Gesetzesstelle sind unter den direkten Steuern nur die fünf Hauptsteuern (s. oben unter 1) verstanden. Von der festen und verhältnismäßigen Bergwerkssteuer wurden bis 1902 keine Bezirkszuschläge erhoben. Seit 1909 unterliegt nur noch die Flächenabgabe (feste Bergwerkssteuer) den Bezirkszuschlägen. An Stelle der verhältnismäßigen Bergwerkssteuer ist die Gewerbesteuer getreten. Die neu eingeführte Förder- und Zusatzabgabe sind reine Staatssteuern. (Vgl. §§ 1, 2 und 5 des Gesetzes über die Bergwerksbesteuerung vom 14. Juli 1908 — Roth, 3. Aufl. S. 75.)

Die Bezirkszuschläge betragen für das Rechnungsjahr 1916 im Unterelsaß 44 v. H., im Oberelsaß 48 v. H., in Lothringen 55 v. H.

3. Gemeindezuschläge. Der § 66 der Gemeindeordnung für Elsaß-Lothringen vom 6. Juni 1895 (Gesetzbl. S. 58) bestimmt:

> Zur Deckung der Bedürfnisse, sowie behufs Erfüllung der Verpflichtungen der Gemeinde kann der Gemeinderat die Aufbringung von Gemeindesteuern beschließen.
>
> Dieselben können bestehen:
>
> 1. in Zuschlägen zu den gesamten vier direkten Staatssteuern.

Die Gemeindezuschläge sind für alle ihnen unterliegenden direkten Steuern nach dem gleichen Satze zu erheben (vgl. die Ausführungsbestimmungen zur Gemeindeordnung, vom 25. März 1896 — Zentral- und Bezirks-Amtsbl. S. 45). Zu den vier direkten Staatssteuern gehörte damals noch die Personal- und Mobiliarsteuer, an deren Stelle seit 1903 die Kapitalsteuer und die Lohn- und Besoldungssteuer getreten sind. Diese unterliegen nach § 35 des Kapital-, § 29 des Lohn- und Besoldungssteuergesetzes den Gemeindezuschlägen nach den für die übrigen direkten Steuern geltenden Bestimmungen. Auch die Flächenabgabe der Bergwerke unterliegt den Gemeindezuschlägen nach dem gleichen Satze wie die Hauptsteuern (vgl. § 2 Abs. 1 des Bergwerkssteuergesetzes — s. S. 30), während die Bergwerkssteuern bis 1908 nur bis höchstens 100 % und vor 1897 überhaupt nicht zu den Gemeindezuschlägen herangezogen wurden. Vgl. § 5 Abs. 2 des Gesetzes, betreffend die Besteuerung der Bergwerke vom 2. November 1896 (Roth, 1. Aufl. S. 73).

4. Zuschläge für den Ausfallfonds. Der Ausfallfonds ist zur Deckung der Ausfälle an dem in den Rollen zum Ansatz gebrachten Steuersoll infolge von Entbürdungen bestimmt (vgl. § 12 des Gebäude-

steuergesetzes vom 14. Juli 1895, § 39 des Gewerbe-, § 34 des Kapital-, § 28 des Lohn- und Besoldungssteuergesetzes). Der Zuschlag wird danach nicht nur vom Grundbetrage, sondern auch von sämtlichen Zuschlägen — Zuschläge für allgemeine Staatszwecke sowie Bezirks- und Gemeindezuschläge — erhoben.

Der Zuschlag, der auf alle den Bezirks- und Gemeindezuschlägen unterliegenden Steuern (die fünf Hauptsteuern und die Flächenabgabe der Bergwerke) gelegt wird, beträgt nach dem Etatsgesetz für 1916 einheitlich 5 v. H. (Vgl. im übrigen S. 51 Anm. 2.)

5. Gebühren für die Erhebung der Gemeindezuschläge. Die als Zuschlag auf den Betrag der Gemeindezuschläge zu erhebende Gebühr wurde eingeführt durch Artikel 5 des Gesetzes vom 20. Juli 1837 (Möllersche Sammlung Bd. II S. 514).

Der Zuschlag beträgt 3 v. H.

Die sämtlichen Zuschläge, insbesondere auch die für die Bezirke und Gemeinden zu erhebenden Zuschläge, werden durch die Verwaltung der direkten Steuern mit den Staatssteuern zusammen veranlagt und erhoben. Um dies rechnerisch einfach ausführen zu können, sind die Tarife so eingerichtet, daß in allen Stufen mit demselben Steuersatze, dem der Zuschlagssatz hinzutritt, gerechnet werden kann. Der Steuerbetrag der einzelnen Stufen ist daher in den den Gesetzen beigefügten Tarifen[1]) nicht angegeben, es ist auch nicht bestimmt, daß z. B. die Kapitalsteuer in Stufe 1 (Mittelbetrag 150 ℳ) 1,4 v. H., in Stufe 10 (Mittelbetrag 2750 ℳ) 2,8 v. H. beträgt, sondern die Staffelung des Tarifs wird dadurch erreicht, daß gesagt wird: vom Mittelbetrag unterliegen der Steuer von 3,5 v. H. in der Stufe 1 nur 40 %, in der Stufe 10

[1]) Roth 3. Aufl., S. 58, S. 97, S. 114.

nur 80 % usw. In derselben Weise ist auch im Etatsgesetz für 1916 (s. S. 49) nicht gesagt, der Steuersatz der Kapitalsteuer betrage künftig bei Stufe 15 (Mittelbetrag 6500 ℳ) 4,2 v. H. und bei Stufe 37 (Mittelbetrag 102 500 ℳ) 5,6 v. H., sondern es wird bestimmt, daß der Hundertsatz, zu dem der Mittelbetrag der Stufe der Steuer unterliegt, in Stufe 15 auf 105 gebracht und in Stufe 37 auf 140 erhöht wird. In dem Kapitalsteuertarif (Seite 59) sind in der vorletzten Spalte die der vierprozentigen Steuer unterliegenden Beträge (*steuerbaren Beträge*) für jede Stufe angegeben. Diese Beträge werden bei der Aufstellung der Steuerrolle der Berechnung zugrunde gelegt. Es wird dann festgestellt, wieviel Pfennig Steuer einschl. Zuschläge auf eine Mark steuerbaren Betrag entfallen. Dies geschieht beispielsweise bei der *Kapitalsteuer* für 1916, wie folgt

Von 1 Mark steuerbarem Betrag sind zu erheben:

1.	Kapitalsteuer-Grundbetrag 4 v. H. .	4,00 Pf.
2.	Zuschlag für allgemeine Staatszwecke 12 v. H. von 4 Pf.	0,48 „
3.	Bezirkszuschläge 44 v. H.[1]) von 4 Pf.	1,76 „
4.	Gemeindezuschläge 110 v. H.[2]) von 4 Pf.	4,40 „
5.	Zuschlag für den Ausfallfonds 5 v. H. von (4 + 0,48 + 1,76 + 4,40 =) 10,64 Pf.	0,532 „
6.	Hebegebühren 3 v. H. von 4,40 Pf. .	0,132 „
	im ganzen . .	11,304 Pf.

Mit dieser Bruchzahl wird die ganze *Steuerrolle* gerechnet und in ihrem Gesamtbetrage, in den Beträgen der einzelnen Seiten und in denen der einzelnen Artikel abgestimmt. Zum Beispiel:

[1]) Zuschlagssatz des Bezirks Unterelsaß für 1916.
[2]) Zuschlagssatz der Stadt Straßburg für 1916.

Artikel	Name des Steuerpflichtigen	Stufe ℳ	Kapitalertrag Mittelbetrag ℳ	Kapitalertrag Steuerbarer Betrag ℳ	Gesamtsteuerbetrag (11,304 v. H. des steuerbaren Betrags) ℳ
1	A	1	150	60	6,78
2	B	10	2750	2200	248,69
3	C	24	42500	51000	5765,04
4	D	37	102500	143500	16221,24
			Seite:	196760	22241,75

Auf dem Steuerzettel erscheint nur die Stufe und der aus der Rolle übernommene Gesamtsteuerbetrag. Aus dem aufgedruckten Tarif der Steuergrundbeträge und aus der Angabe der für den Staat, den Bezirk und die Gemeinde zu erhebenden Gesamtzuschläge kann der Gesamtsteuerbetrag nachgerechnet werden. Die für die Zuschläge auf dem Steuerzettel angegebenen Zahlen werden folgendermaßen gefunden:

Von 1 Mark Grundbetrag werden erhoben

Zuschlag für allgemeine Staatszwecke 12 v. H. von 1 ℳ =	12,00 Pf.
Zuschlag für den Ausfallfonds 5 v. H. von 1 ℳ =	5,00 „
desgl. 5 v. H. von 12 Pf. =	0,60 „
a) Gesamtzuschlag für den Staat	17,60 Pf.
Zuschlag für den Bezirk 44 v. H. von 1 ℳ =	44,00 Pf.
Zuschlag für den Ausfallfonds 5 v. H. von 44 Pf. =	2,20 „
b) Gesamtzuschlag des Bezirkes	46,20 Pf.
Zuschlag für die Gemeinde 110 v. H. von 1 ℳ =	110,00 Pf.
Zuschlag für den Ausfallfonds 5 v. H. von 110 Pf. =	5,50 „
Hebegebühr 3 v. H. von 110 Pf. =	3,30 „
c) Gesamtzuschlag der Gemeinde	118,80 Pf.
Zuschläge im ganzen (a + b + c) =	182,60 Pf.

Danach können die Steuerbeträge wie folgt nachgerechnet werden:

Stufe	Mittelbetrag	Grundbetrag laut Tarif	Zuschläge 182,60 v. H	Gesamtsteuerbetrag
1	150 ℳ	2,40 ℳ	4,38 ℳ	6,78 ℳ
10	2750 „	88,00 „	160,69 „	248,69 „
24	42500 „	2040,00 „	3725,04 „	5765,04 „
37	102500 „	5740,00 „	10481,24 „	16221,24 „

In derselben Weise geschieht die Berechnung der Lohn- und Besoldungssteuer und der Gewerbesteuer. Kapital-, Lohn- und Besoldungs- und Gewerbesteuer werden zusammen in einer Steuerrolle ausgebracht und zusammen mit einem Steuerzettel angefordert.

Die Grundsteuer und die Gebäudesteuer werden ebenfalls zusammen in einer Steuerrolle berechnet und mit einem Steuerzettel angefordert, der ähnlich wie der für die Kapitalsteuer usw. eingerichtet ist, nur daß er keine Tarife enthält und die Steuer nicht nach Stufen, sondern nach dem Reinertrag und Nutzungswert bezeichnet.

Die Zuschläge sind dieselben wie bei der Kapitalsteuer usw., doch kommen noch folgende weitere hinzu:

1. der Zuschlag für den landwirtschaftlichen Hilfsfonds, bei der Grundsteuer 1 v. H., bei der Gebäudesteuer 0,5 v. H. des Grundbetrags. Vgl. darüber § 2 des Etatsgesetzes für 1916 (s. S. 49);

2. bei der Grundsteuer kommt ferner ein für jede Gemeinde verschiedener Zuschlag zur Deckung des Beitrags für die landwirtschaftliche Berufsgenossenschaft mit zur Erhebung, sofern er nicht aus den Jagdpachtgeldern der Gemeinde gedeckt wird. Vgl. darüber das

Ausführungsgesetz zur Reichsversicherungsordnung,[1]) insbesondere § 3 Nr. 5. Nach der Ausführungsanweisung[2]) sind zu den Beiträgen der einzelnen Grundsteuerpflichtigen dieselben Zuschläge für den Ausfallfonds und für Hebegebühren wie bei der Grundsteuer in Ansatz zu bringen.

Die Steuer der Toten Hand (s. S. 4 und S. 50) wird, soweit sie als Zuschlag zur Grund- und Gebäudesteuer erhoben wird, zusammen mit diesen Steuern berechnet und angefordert. Für die Steuer der Toten Hand vom Kapital und für die Bergwerkssteuern werden besondere Rollen aufgestellt.

---

[1]) s. S. 55.
[2]) s. S. 58 Anm. 1.

Kolibri 360 GmbH
Ferdinand-Jühlke-Straße 7
99095 Erfurt, Deutschland
produktsicherheit@kolibri360.de